KB033863

5개의 상황별 주제로
100개의 주요 표현과 대화문 수록

3박 4일 출장 비즈니스 영어

배현

現) 위스콘신매디슨대학교 SLA연구소 연구원으로 활동 중
위스콘신매디슨대학교 언어학 박사과정 진행 중
前) 중국 연변과학기술대학교 영어과 졸업
영국 에든버러대학교 언어교육과 졸업
자유기독학교 영어, 중국어 교사
코너스톤 어학원 영어 강사
Tomedes 번역가 활동
도서 해피타임 번역

주요저서

369 일상영어 완전정복(반석출판사)
왕초보 영어 회화 급상승(반석출판사)

3박 4일 출장 비즈니스 영어

저 자 배현
발행인 고본화
발 행 반석출판사
2020년 1월 5일 초판 1쇄 인쇄
2020년 1월 10일 초판 1쇄 발행
반석출판사 | www.bansok.co.kr
이메일 | bansok@bansok.co.kr
블로그 | blog.naver.com/bansokbooks

07547 서울시 강서구 양천로 583, B동 1007호
(서울시 강서구 염창동 240-21번지 우림블루나인 비즈니스센터 B동 1007호)
대표전화 02) 2093-3399 **팩 스** 02) 2093-3393
출 판 부 02) 2093-3395 **영업부** 02) 2093-3396
등록번호 제315-2008-000033호

ISBN 978-89-7172-904-5 (13740)

반석출판사
Bansok

머리말

영어는 이미 모두가 아는 세계 공용어가 되어버렸습니다. 특히 비즈니스를 하는 사람들에게 영어는 필수가 되었습니다. 비즈니스에 사용하는 영어를 흔히 비즈니스 영어라고 하고, 많은 사람들이 비즈니스 영어를 공부합니다. 그런데 듣고 이해하는 것까지는 되는데 말은 못 하는 경우가 많습니다. 이는 우리나라 영어 교육이 읽기에 특화되어있고 말하기는 실제로 거의 하지 않기 때문입니다. 비즈니스 영어를 공부하는 사람들은 주로 토익을 공부하지만 토익도 스피킹 시험을 따로 준비하지 않으면 실제로 말하는 시간은 거의 없습니다. 이러한 이유로 토익 고득점을 따고도 영어 한마디 제대로 못하는 사람들이 생기는 것입니다.

이 책은 바로 이러한 사람들을 위해 쓰여졌습니다. 영어로 비즈니스에 관해 이야기하고 싶은 사람들, 비즈니스 영어를 공부했는데 말이 제대로 안 나오는 사람들, 비즈니스 영어를 하지만 아는 표현이 부족해서 자주 말문이 막히는 사람들은 이 책을 공부하면 자연스럽게 영어로 비즈니스를 이끌어 나갈 수 있을 것입니다.

이 책은 5개의 주제로 나눠진 100개의 상황을 다루고 있고, 한 상황에 두 개의 대화문이 있습니다. 각 대화문은 비즈니스 상황에 흔히 사용되는 표현들을 대부분 포함하고 있어서 오디오 파일을 듣는 것만으로도 비즈니스 영어에 익숙해질 수 있습니다. 반석출판사 홈페이지에서 제공하는 이 책의 mp3 파일을 함께 들으면서 책을 읽으면 보다 효율적인 공부가 될 것입니다. 또한 주제 중간중간에 있는 쉬어가는 페이지에서는 비즈니스 에티켓 등 비즈니스 문화에 대한 팁을 주고 있어서 문화적인 면에 대해서도 배울 수 있습니다.

비즈니스 상황은 많은 것 같지만 반복적인 상황은 한정되어 있기 때문에 이 책에 나오는 표현들만 다 익히면 직장 생활에서 영어를 사용하는데 전혀 문제가 없을 것입니다. 이 책을 통해 더욱 많은 사람들이 영어로 편하게 비즈니스를 할 수 있게 되기를 바랍니다.

배 현

구성

총 5개의 주제로 분류하여 각 주제별로 20개의 표현으로 구성을 하였습니다.

주요 표현

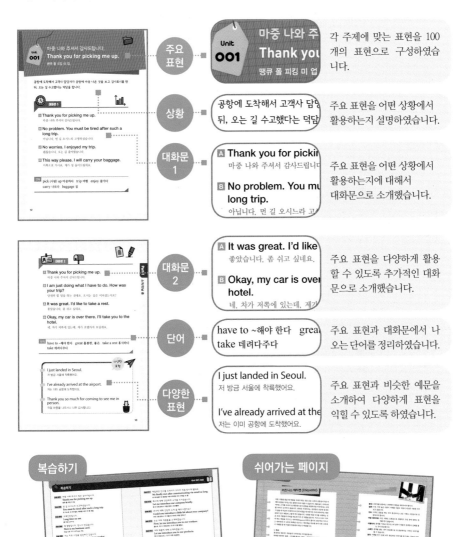

Unit 001 마중 나와 주 / Thank you / 땡큐 폴 피킹 미 업

각 주제에 맞는 표현을 100개의 표현으로 구성하였습니다.

상황

공항에 도착해서 고객사 담당 / 뒤, 오는 길 수고했다는 덕담

주요 표현을 어떤 상황에서 활용하는지 설명하였습니다.

대화문 1

A Thank you for pickin / 마중 나와 주셔서 감사드립니다

B No problem. You mu / long trip. / 아닙니다. 먼 길 오시느라 고

주요 표현을 어떤 상황에서 활용하는지에 대해서 대화문으로 소개했습니다.

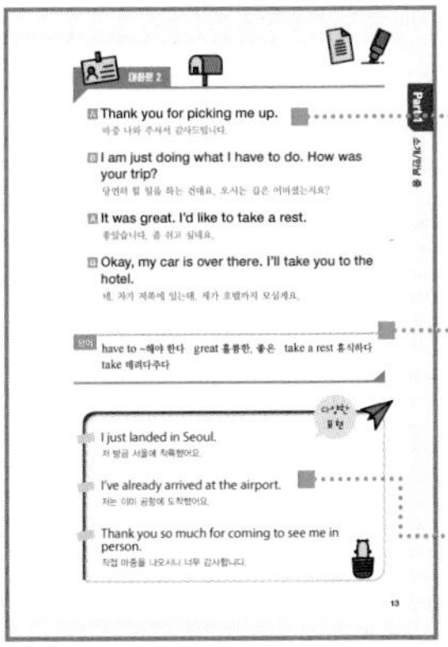

대화문 2

A It was great. I'd like / 좋았습니다. 좀 쉬고 싶네요.

B Okay, my car is over / hotel. / 네. 차가 저쪽에 있는데, 제가

주요 표현을 다양하게 활용할 수 있도록 추가적인 대화문으로 소개했습니다.

단어

have to ~해야 한다 grea / take 데려다주다

주요 표현과 대화문에서 나오는 단어를 정리하였습니다.

다양한 표현

I just landed in Seoul. / 저 방금 서울에 착륙했어요.

I've already arrived at the / 저는 이미 공항에 도착했어요.

주요 표현과 비슷한 예문을 소개하여 다양하게 표현을 익힐 수 있도록 하였습니다.

복습하기

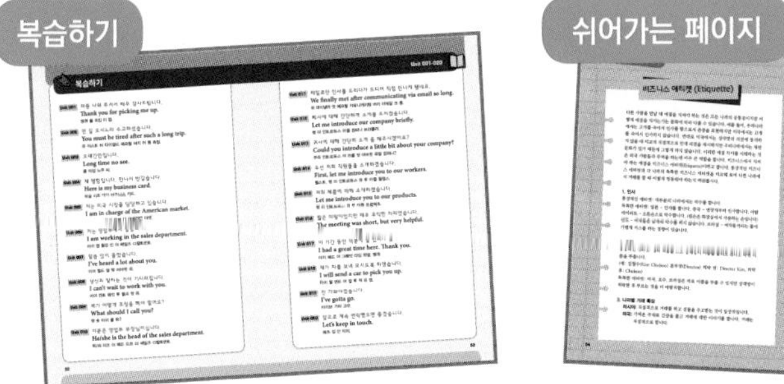

쉬어가는 페이지

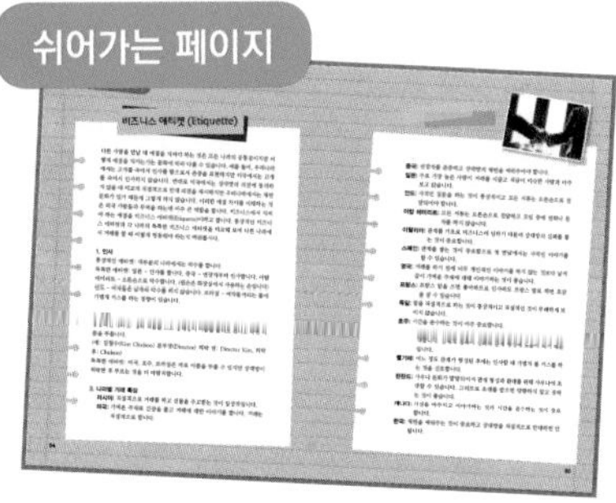

목차

Part 1 소개/만남 중

Unit 001 마중 나와 주셔서 감사드립니다. 12
Unit 002 먼 길 오시느라 수고하셨습니다. 14
Unit 003 오래간만입니다. 16
Unit 004 제 명함입니다. 만나서 반갑습니다. 18
Unit 005 저는 미국 시장을 담당하고 있습니다. 20
Unit 006 저는 영업부에서 일합니다. 22
Unit 007 말씀 많이 들었습니다. 24
Unit 008 당신과 일하는 것이 기다려집니다. 26
Unit 009 제가 어떻게 호칭을 해야 할까요? 28
Unit 010 이분은 영업부 부장님이십니다. 30
Unit 011 메일로만 인사를 드리다가 드디어 직접 만나게 됐네요. 32
Unit 012 회사에 대해 간단하게 소개를 드리겠습니다. 34
Unit 013 귀사에 대해 간단히 소개 좀 해주시겠어요? 36
Unit 014 우선 저희 직원들을 소개하겠습니다. 38
Unit 015 저희 제품에 대해 소개하겠습니다. 40
Unit 016 짧은 미팅이었지만 매우 유익한 자리였습니다. 42
Unit 017 이 기간 동안 덕분에 잘 있다가 갑니다. 44
Unit 018 제가 차를 보내 모시도록 하겠습니다. 46
Unit 019 전 가봐야겠습니다. 48
Unit 020 앞으로 계속 연락했으면 좋겠습니다. 50
복습하기 52
쉬어가는 페이지 비즈니스 에티켓 (Etiquette) 54

Part 2 미팅 중

Unit 021 우선 무엇부터 이야기할까요? 58
Unit 022 오늘 일정에 대해 먼저 말씀드리겠습니다. 60
Unit 023 일은 어떠신가요? 62
Unit 024 그것에 대해서는 사장님과 상의를 해봐야 할 것 같아요. 64

Unit 025 우리 우선 상황을 보고 다시 말해요. 66
Unit 026 보내신 메일은 이미 받았어요. 68
Unit 027 샘플은 조만간 보내겠습니다. 70
Unit 028 그 부분은 영업부에서 협상을 하고 있습니다. 72
Unit 029 서로 협력해서 함께 발전합시다. 74
Unit 030 다음 미팅은 언제인가요? 76
Unit 031 잠깐 쉬었다가 다시 진행하시죠. 78
Unit 032 우리 서로 양보하죠. 80
Unit 033 할부로 지불하고 싶습니다. 82
Unit 034 신용장은 개설하셨나요? 84
Unit 035 이 결정에 대해서는 제가 전부 책임지겠습니다. 86
Unit 036 계약조건이 무엇인가요? 88
Unit 037 내일 계약하시죠. 90
Unit 038 하는 김에 세부사항에 대해서도 이야기하시죠. 92
Unit 039 저희는 어쩔 수 없이 가격을 올려야 합니다. 94
Unit 040 오늘은 여기까지 하겠습니다. 96
복습하기 98
쉬어가는 페이지 미국의 흔한 결제방식 100

Part 3 업무 중

Unit 041 회의 시간이 바뀌었네요. 104
Unit 042 지금 회의 중인데 누구시죠? 106
Unit 043 돌아오면 전화하라고 하겠습니다. 108
Unit 044 이메일 주소 좀 알려주시겠어요? 110
Unit 045 제가 문자 드릴게요. 112
Unit 046 지금 밖인데 사무실에 들어가서 다시 연락드릴게요. 114
Unit 047 오늘까지 마무리 지어야 돼요. 116
Unit 048 혹시 시간되면 도와주실 수 있나요? 118
Unit 049 이 일을 좀 해결해 주셔야 할 것 같아요. 120
Unit 050 이 자료 좀 복사해주실래요? 122
Unit 051 일은 어떠세요? 124
Unit 052 업무 스트레스는 많지만 제 일을 좋아합니다. 126

Unit 053 몇 시에 출근하나요? 128
Unit 054 미국 고객이 많으신가요? 130
Unit 055 자료 준비되었나요? 132
Unit 056 출장은 얼마나 자주 가나요? 134
Unit 057 출장은 어떻게 됐어요? 136
Unit 058 야근은 자주 하시나요? 138
Unit 059 스트레스는 어떻게 푸세요? 140
Unit 060 회식은 주로 어디에서 하시나요? 142
복습하기 144
쉬어가는 페이지 중요한 비즈니스 표현 5 146

Part 4 출장 중

Unit 061 어떤 항공편 타실 거죠? 150
Unit 062 창가 쪽 자리로 주실 수 있나요? 152
Unit 063 다른 것 더 필요하신 게 있나요? 154
Unit 064 기사님, 트렁크 좀 열어주시겠어요? 156
Unit 065 거기까지 얼마나 걸리나요? 158
Unit 066 영수증 좀 주시겠어요? 160
Unit 067 이 지폐 좀 잔돈으로 바꿔주시겠어요? 162
Unit 068 제가 유심칩을 사려고 하는데요. 164
Unit 069 제 예약에 조식이 포함되나요? 166
Unit 070 방에 와이파이가 되나요? 168
Unit 071 방 카드를 잃어버렸는데 어떡하죠? 170
Unit 072 이 근처에서 제가 어디에 가는 것을 추천하시나요? 172
Unit 073 어디에서 마사지 받을 수 있을까요? 174
Unit 074 제가 짐을 여기에 맡겨도 될까요? 176
Unit 075 체크아웃하려고 합니다. 이것은 제 룸 카드입니다. 178
Unit 076 제가 방을 하루 더 연장해도 될까요? 180
Unit 077 보증금은 환불되었지요? 182
Unit 078 체크아웃할 때 같이 계산할게요. 184
Unit 079 제가 방에 짐을 두고 온 것 같아요. 186
Unit 080 공항까지 갈려면 어떻게 해야 할까요? 188

복습하기 ········ 190
쉬어가는 페이지 대사관 및 비상 연락처 ········ 192

Part 5 식사 중

Unit 081 오늘 초대해주셔서 정말 감사합니다. ········ 198
Unit 082 마음껏 드세요. ········ 200
Unit 083 무엇을 마시고 싶으세요? ········ 202
Unit 084 저는 라거를 좋아합니다. ········ 204
Unit 085 한국요리를 좋아한다고 들었습니다. ········ 206
Unit 086 제가 건배 제의를 하겠습니다. ········ 208
Unit 087 마시기 전에 하실 말씀 있으신가요? ········ 210
Unit 088 제가 먹어본 것 중 가장 맛있습니다. ········ 212
Unit 089 다음에 한국에 오시면 제가 식사 대접하겠습니다. ········ 214
Unit 090 더 드세요. ········ 216
Unit 091 충분히 많이 먹었습니다. ········ 218
Unit 092 음식은 입에 맞으시나요? ········ 220
Unit 093 환대해주셔서 정말 감사드립니다. ········ 222
Unit 094 제가 한 잔 드리겠습니다. 항상 돌봐주셔서 감사드립니다. ········ 224
Unit 095 언제든 한국에 오시면 알려주세요. ········ 226
Unit 096 한국에 오시면 제가 기꺼이 가이드 해드릴게요. ········ 228
Unit 097 오늘 정말 좋은 시간 보냈습니다. ········ 230
Unit 098 저도 덕분에 즐거운 시간을 보냈습니다. ········ 232
Unit 099 오늘은 제가 한턱 내겠습니다. ········ 234
Unit 100 이건 저희가 대접할게요. ········ 236
복습하기 ········ 238
쉬어가는 페이지 영어권의 건배 문화 ········ 240

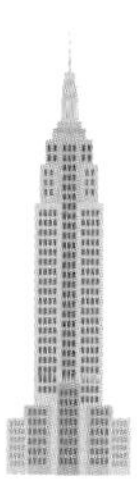

Part 1

소개/만남 중

미국 출장을 가면 업체를 만나서 미팅을 진행하게 됩니다.
업체와 만나고 소개를 하는 경우가 있습니다.
만남과 소개는 비즈니스의 출발이라고 할 수 있습니다.

001 마중 나와 주셔서 감사드립니다.
002 먼 길 오시느라 수고하셨습니다.
003 오래간만입니다.
004 제 명함입니다. 만나서 반갑습니다.
005 저는 미국 시장을 담당하고 있습니다.
006 저는 영업부에서 일합니다.
007 말씀 많이 들었습니다.
008 당신과 일하는 것이 기다려집니다.
009 제가 어떻게 호칭을 해야 할까요?
010 이분은 영업부 부장님이십니다.
011 메일로만 인사를 드리다가 드디어 직접 만나게 됐네요.
012 회사에 대해 간단하게 소개를 드리겠습니다.
013 귀사에 대해 간단히 소개 좀 해주시겠어요?
014 우선 저희 직원들을 소개하겠습니다.
015 저희 제품에 대해 소개하겠습니다.
016 짧은 미팅이었지만 매우 유익한 자리였습니다.
017 이 기간 동안 덕분에 잘 있다가 갑니다.
018 제가 차를 보내 모시도록 하겠습니다.
019 전 가봐야겠습니다.
020 앞으로 계속 연락했으면 좋겠습니다.

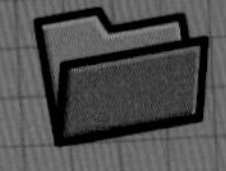

Unit 001

마중 나와 주셔서 감사드립니다.
Thank you for picking me up.
땡큐 폴 피킹 미 업.

공항에 도착해서 고객사 담당자가 공항에 마중 나온 것을 보고 감사표시를 한 뒤, 오는 길 수고했다는 덕담을 합니다.

대화문 1

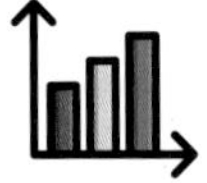

A Thank you for picking me up.
마중 나와 주셔서 감사드립니다.

B No problem. You must be tired after such a long trip.
아닙니다. 먼 길 오시느라 고생하셨습니다.

A No worries. I enjoyed my trip.
괜찮습니다. 오는 길 즐거웠습니다.

B This way please. I will carry your baggage.
이쪽으로 가시죠. 제가 짐 들어드릴게요.

단어
pick (사람) up 마중하다 trip 여행 enjoy 즐기다
carry 나르다 baggage 짐

대화문 2

A Thank you for picking me up.
마중 나와 주셔서 감사드립니다.

B I am just doing what I have to do. How was your trip?
당연히 할 일을 하는 건데요. 오시는 길은 어떠셨는지요?

A It was great. I'd like to take a rest.
좋았습니다. 좀 쉬고 싶네요.

B Okay, my car is over there. I'll take you to the hotel.
네. 차가 저쪽에 있는데, 제가 호텔까지 모실게요.

단어
have to ~해야 한다 great 훌륭한, 좋은 take a rest 휴식하다
take 데려다주다

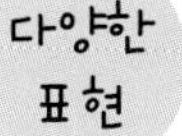

I just landed in Seoul.
저 방금 서울에 착륙했어요.

I've already arrived at the airport.
저는 이미 공항에 도착했어요.

Thank you so much for coming to see me in person.
직접 마중을 나오시니 너무 감사합니다.

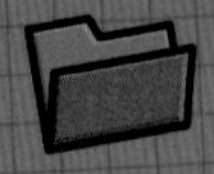

Unit 002

먼 길 오시느라 수고하셨습니다.

You must be tired after such a long trip.

유 머스트 비 타이얼드 에프털 써치 어 롱 추립.

공항에 도착하여 고객사에서 마중을 나왔고, 담당자와 인사를 나누면서 오는 길이 어떠했는지에 대해 물어보는 상황입니다.

대화문 1

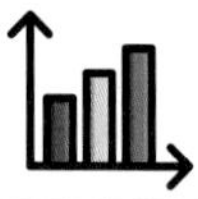

A You must be tired after such a long trip.
먼 길 오시느라 수고하셨어요.

B Not too bad.
그런대로 괜찮아요.

A I will take you to the hotel, so you can rest.
호텔에서 쉴 수 있으시도록 제가 모실게요.

B Great. Thank you very much!
좋아요. 감사합니다!

단어 bad 안 좋은 rest 쉬다

대화문 2

A You must be tired after such a long trip. Did you enjoy your trip?
먼 길 오시느라 수고하셨어요. 오시는 길은 즐거우셨나요?

B I enjoyed the trip very much, but I am a bit exhausted.
매우 즐거웠습니다. 그렇지만 좀 피곤하네요.

A I will take you to the hotel, so you can rest.
호텔에서 쉴 수 있으시도록 제가 모실게요.

B Great. Thank you very much!
좋아요. 감사합니다!

단어 but 그렇지만 a bit 좀, 약간

You must be tired.
피곤하시겠어요.

You must be exhausted.
정말 고생하셨습니다.

You must be worn out after such a long trip.
오시는 내내 정말 지치셨겠어요.

오래간만입니다.
Long time no see.
롱 타임 노우 씨.

고객사 담당자와는 출장 때마다 만나는데, 거의 반년 만에 만나서 서로의 근황에 대해 인사를 건네는 장면입니다.

대화문 1

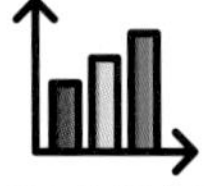

A Long time no see.
오래간만입니다.

B Long time no see. How have you been?
오래간만입니다. 요즘 어때요?

A Same as always. How about you?
여전하죠, 뭐. 당신은요?

B Recently, I got busy with work.
저는 최근에 일이 좀 바빠요.

단어 long time 장기간 see 보다 recently 최근 busy 바쁜

대화문 2

A Long time no see. What have you been up to these days?
오래간만입니다. 요즘 뭐하며 지내세요?

B I am busy with writing my dissertation, so I have a headache. How about you?
논문을 쓰느라 바빠서, 머리가 아파요. 당신은요?

A I traveled to Japan recently.
저는 최근에 일본 여행을 다녀왔어요.

B You did? I am so jealous.
그래요? 너무 부러운데요.

단어
these days 요즘에 dissertation 논문 headache 두통
jealous 부러운, 질투하는

다양한 표현

We haven't seen each other for a while.
우리 오랫동안 보지 못했네요.

You look the same as before.
(모습이) 여전히 그대로네요.

When are we going to meet?
우리 언제 본다고 했죠?

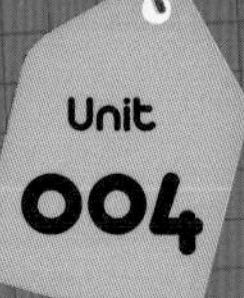

제 명함입니다. 만나서 반갑습니다.
Here is my business card.

히얼 이즈 마이 비즈니스 카드.

처음 만나 서로의 명함을 교환하고 인사를 하면서, 앞으로 서로 합작하여 좋은 방향으로 만들어가자고 말하는 상황입니다.

대화문 1

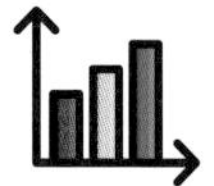

A Here is my business card. Nice to meet you.
이것은 저의 명함입니다. 만나서 반갑습니다.

B Thank you. Nice to meet you too.
고맙습니다. 저도 당신을 알게 돼서 반갑습니다.

A Our company is around here. Please stop by when you have time.
저희 회사는 이 근처에 있어요. 시간이 되시면 좀 있다 가세요.

B Okay. Thanks.
네. 고맙습니다.

단어
business card 명함 nice 반가운 meet 만나다 around 주변
stop by 들르다

대화문 2

A **Here is my business card. Nice to meet you.**
이것은 저의 명함입니다. 만나서 반갑습니다.

B **Thank you. Nice to meet you too. Here is my business card.**
고맙습니다. 저도 당신을 알게 돼서 반갑습니다. 제 명함입니다.

A **Director Lee, I am looking forward to working with you.**
이 팀장님, 당신과 함께 일하는 것을 고대합니다.

B **It's my honor to work with you.**
당신과 함께 일하게 되어서 영광입니다.

단어

work with 함께 일하다 look forward to 고대하다
honor 영광

Please to meet you.
만나서 기쁩니다.

I just ran out of my business card.
명함을 마침 다 썼네요.

I don't have my business card now.
I will give it to you later.
제가 명함을 가지고 오지 않아서, 좀 있다가 드릴게요.

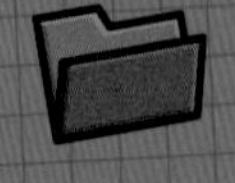

Unit 005

저는 미국 시장을 담당하고 있습니다.

I am in charge of the American market.

아이 엠 인 찰지 오브 디 어메리칸 마켓.

서로가 맡은 업무에 대해 소개하고, 앞으로 좋은 관계로 나아가자고 하는 상황입니다.

대화문 1

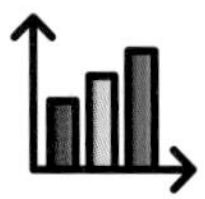

A **Hi. I am Chul Lee. I am in charge of the American market.**
안녕하세요. 저는 이철입니다. 저는 미국 시장을 맡고 있습니다.

B **Hello, director Lee. I am Jane Austen. I can't wait to work with you.**
안녕하세요. 이 팀장님. 저는 제인 오스틴입니다. 당신과 함께 일하는 것이 기다려집니다.

A **It's my great pleasure to meet you.**
당신을 알게 돼서 정말 기쁩니다.

B **It's a pleasure to meet you too.**
저도 당신을 알게 돼서 기쁩니다.

단어

in charge of 담당하는 wait 기다리다 pleasure 기쁨

대화문 2

A **Hi. I am Chul Lee. I am in charge of the American market.**
안녕하세요. 저는 이철입니다. 저는 미국 시장을 맡고 있습니다.

B **Hello, director Lee. I am Jane Austen. I am going to work with you.**
안녕하세요! 이 팀장님. 저는 앞으로 같이 일하게 된 제인 오스틴입니다.

A **It's a pleasure to meet you. I am looking forward to working with you.**
당신을 알게 돼서 기쁘고, 당신과 함께 일하는 것을 고대합니다.

B **It's a privilege to meet you too. I also can't wait to work with you.**
저도 당신을 알게 된 것이 영광입니다. 저도 당신과 일하는 것이 기다려집니다.

단어
market 시장 privilege 특권

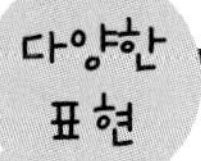

I am in charge of marketing.
저는 구매를 맡고 있습니다.

I am responsible for the American market.
저는 미국 시장을 책임지고 있는 사람입니다.

My job is managing the American market.
저의 업무는 미국 시장을 관리하는 것입니다.

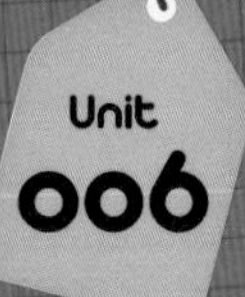

저는 영업부에서 일합니다.

I am working in the sales department.

아이 엠 월킹 인 더 쎄일즈 디팔트먼트.

서로 자신이 몸담고 있는 부서에 대해 소개하고 향후에 좋은 관계를 유지하자고 말하는 상황입니다.

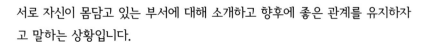

대화문 1

A Hi. I am Chul Lee. I am working in the sales department.
안녕하세요. 저는 이철이고, 영업부에서 일합니다.

B Hi. I am Jane Austen. I am new here. I also belong to the sales department.
안녕하세요. 저는 제인 오스틴입니다. 신입이고, 저도 영업부에 속해 있습니다.

A Really? Nice to meet you. Welcome to the team!
그래요? 만나서 반갑습니다. 팀에 온 것을 환영합니다!

B Nice to meet you too. Thanks for the warm welcoming.
저도 만나서 반갑습니다. 따뜻하게 맞아주셔서 감사합니다.

단어
sales department 영업부 belong ~에 속하다 warm 따뜻한
welcoming 환영

대화문 2

A Hi. I am Chul Lee. I am working in the sales department.
안녕하세요. 저는 이철이고, 영업부에서 일합니다.

B Hi. I am Jane Austen. I am in human resources.
안녕하세요. 저는 제인 오스틴이고, 인사부에 있습니다.

A I used to belong to human resources, but transferred to the sales department.
예전에 제가 인사부에 있었는데 영업부로 왔어요.

B I see!
그랬군요!

단어
human resources 인사부 used to ~했었다
transfer (부서 등을) 옮기다

다양한 표현

I work in human resources.
저는 인사부에서 일합니다.

I am Choi Yian from the marketing department.
저는 마케팅부의 최이안입니다.

He/she is the head of our department.
이분은 우리 부서의 부장님입니다.

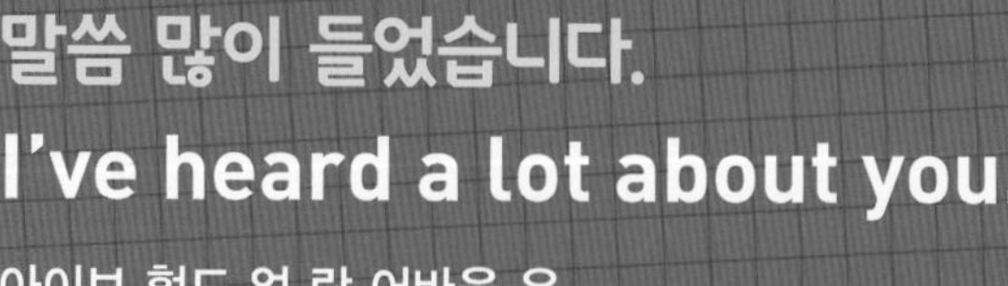

말씀 많이 들었습니다.

I've heard a lot about you.

아이브 헐드 얼 랏 어바웃 유.

직접 만나는 것은 처음으로, 그동안 이야기 많이 들었다고 말할 때 쓸 수 있는 표현입니다. 앞으로 잘 부탁한다고 이야기하는 상황입니다.

대화문 1

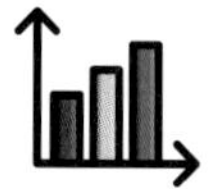

A Director Lee, I've heard a lot about you. I am Jane.

이 팀장님, 말씀 많이 들었습니다. 저는 제인입니다.

B Hi! I've heard a great deal about you too. It's an honor to finally meet you.

안녕하세요! 저도 말씀 아주 많이 들었습니다. 드디어 만나 뵙게 되어서 영광입니다.

A It's an honor to meet you too. I hope our cooperation will continue to prosper.

저도 만나게 되어서 영광이고, 저희들의 합작이 계속해서 번창하길 희망합니다.

B I am sure it will prosper.

저는 반드시 번창하리라 믿습니다.

단어

heard 듣다　a great deal 많이, 훨씬　finally 드디어
cooperation 합작　prosper 번창하다

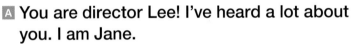

대화문 2

A You are director Lee! I've heard a lot about you. I am Jane.

당신이 바로 이 팀장님이시군요. 말씀 많이 들었습니다. 저는 제인입니다.

B Hi! Nice to meet you. I've always wanted to meet you.

안녕하세요! 만나서 반갑습니다. 줄곧 뵙고 싶었어요.

A Really? Do you want to get some coffee and talk?

그래요? 우리 커피 마시면서 이야기할까요?

B Great!

좋습니다!

단어

always 항상 talk 이야기하다

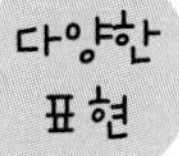

I've heard so much about you.

말씀 많이 들었습니다.

We finally met.

우리가 드디어 만났네요.

I've heard of your name a couple of times.

저는 당신의 이름을 몇 번 들은 적이 있습니다.

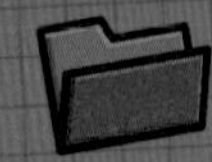

당신과 일하는 것이 기다려집니다.
I can't wait to work with you.

아이 캔트 웨잇 투 월크 윗 유.

앞으로 잘 부탁한다는 표현으로 서로 처음 만나서 인사하는 상황입니다.

대화문 1

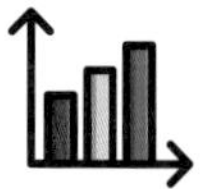

A My name is Jane Austen. It's my first day of work. I can't wait to work with you.

저는 제인 오스틴입니다. 오늘 새로 출근했는데 당신과 일하는 것이 기다려집니다.

B Hi. I am Chul Lee. I am new here too. Let's help each other.

안녕하세요. 저는 이철입니다. 저도 여기 처음인데, 서로 도와요.

A Really? Nice to meet you.

정말요? 만나서 반갑습니다.

B Nice to meet you too.

당신을 알게 돼서 저도 반갑습니다.

단어

each other 서로 help 돕다

대화문 2

A My name is Jane Austen. It's my first day of work. I can't wait to work with you.

저는 제인 오스틴입니다. 오늘 새로 출근했는데 당신과 일하는 것이 기다려집니다.

B Welcome. I am Chul Lee.

환영합니다. 저는 이철입니다.

A How long have you worked here?

이곳에서 얼마나 일하셨어요?

B About a year.

1년 정도요.

단어

how long 얼마나 오래

Please tell me whenever you need help.

도움이 필요할 때면 언제든 말하세요.

Hope to see you around.

자주 봤으면 좋겠어요.

I want to work with you from now on.

지금 이후로 같이 합작하기를 원합니다.

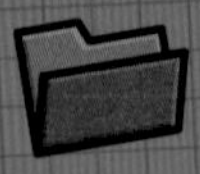

제가 어떻게 호칭을 해야 할까요?
What should I call you?

왓 슛 아이 콜 유?

서로 만나서 호칭을 정할 때가 있습니다. 서로를 어떻게 부르면 되는지에 대해 물어보는 상황입니다.

대화문 1

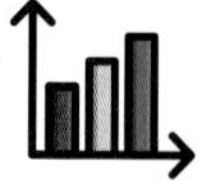

A Hi. I am Jane. What should I call you?
안녕하세요. 저는 제인입니다. 제가 어떻게 호칭하면 될까요?

B I am Chul Lee. You can call me Chul.
저는 이철입니다. 당신은 저를 철이라고 부르시면 됩니다.

A Which department do you belong to?
어디 부서에 있으신가요?

B I work in the sales department.
저는 영업부에 있습니다.

단어
should ~해야 한다 call 부르다

대화문 2

A Hi. I am Jane. What should I call you?
안녕하세요. 저는 제인입니다. 제가 어떻게 호칭하면 될까요?

B Hi. I am Chul Lee. I just started working in this company.
안녕하세요. 저는 이철이고, 이 회사에서 일을 시작한 지 얼마 안 됐습니다.

A Really? I also just started working here. Looking forward to working with you.
그래요? 저도 여기서 일한 지 얼마 되지 않았습니다. 당신과 함께 일하는 것을 고대합니다.

B I also can't wait to work with you.
저도 당신과 일하는 것이 기다려집니다.

단어

start 시작하다

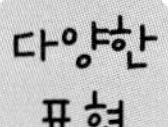

What should I call him?
제가 그를 어떻게 호칭해야 할까요?

You can call me Kim.
저를 김 군이라고 부르시면 됩니다.

What do you want me to call you?
제가 어떻게 호칭을 해야 좋을까요?

Unit 010

이분은 영업부 부장님이십니다.

He/she is the head of the sales department.

히/쉬 이즈 더 해드 오브 더 쎄일즈 디팔트먼트.

고객사에게 상사나 동료를 소개할 때 쓸 수 있는 표현으로 앞으로 좋은 관계를 유지하자고 말하는 상황입니다.

대화문 1

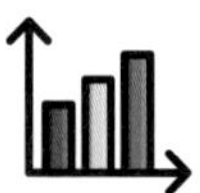

A **Jane, he is the head of the sales department.**
제인 씨, 이분은 영업부 부장님이십니다.

B **Hi, it is my pleasure to meet you.**
안녕하세요, 만나 뵙게 되어 반갑습니다.

C **I heard you are hard-working and work well.**
성실하게 일하고, 일도 잘 한다고 들었어요.

B **I should work harder. Thank you for saying that.**
더 열심히 일해야 돼요. 그렇게 말씀해 주셔서 감사합니다.

단어 hard-working 성실한 well 잘 harder 더 열심히

대화문 2

A **Jane, he is the head of the sales department.**
제인 씨, 이분은 영업부 부장님이십니다.

B **Hi, I heard so much about you. Nice to meet you.**
안녕하세요. 말씀 많이 들었습니다. 만나서 반갑습니다.

C **Nice to meet you too. I hope our cooperation will be successful.**
저도 만나서 반갑습니다. 우리의 합작이 성공적이길 희망합니다.

B **I hope so too.**
저도 그렇게 희망합니다.

단어

successful 성공적인

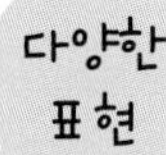

다양한 표현

He is the engineer of our company.
그는 우리 회사의 엔지니어입니다.

This is Park, the leader of the development department.
이분은 개발부의 박 팀장님입니다.

He is in charge of sales in our company.
그는 우리 회사의 판매를 책임지고 있습니다.

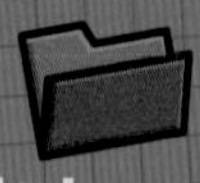

Unit 011

메일로만 인사를 드리다가 드디어 직접 만나게 됐네요.

We finally met after communicating via email so long.

위 파이널리 멧 에프털 커뮤니케이팅 비아 이메일 쏘 롱.

메일로만 업무를 하다가 직접 얼굴을 보고 인사를 하게 되었을 때 쓸 수 있는 표현으로 앞으로 잘 부탁한다고 말하는 상황입니다.

대화문 1

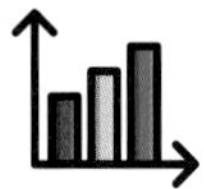

A We finally met after communicating via email so long.
메일로만 인사를 드리다가 드디어 직접 만나게 됐네요.

B Tell me about it. I've always wanted to meet you.
그러게요. 줄곧 만나고 싶었습니다.

A Same here. It is a pleasure to finally meet you.
저도요. 드디어 만나게 되어서 기쁩니다.

B I am also happy to meet you. Looking forward to working with you.
저도 만나서 반갑습니다. 당신과 함께 일하는 것을 고대합니다.

단어

communicate 연락하다 via 통해서
tell me about it 그러게요 same here 저도 그래요

대화문 2

A **We finally met after communicating via email so long.**
메일로만 인사를 드리다가 드디어 직접 만나게 됐네요.

B **Tell me about it. Thank you so much for your continued support.**
그러게요. 계속해서 도와주셔서 감사드립니다.

A **We will continue to work together and be each other's best partners.**
우리는 앞으로 계속해서 동업하고 최고의 동반자가 될 것입니다.

B **How about a drink for celebration?**
경축을 위해서 술 한잔 어때요?

단어
continued 지속적인 support 지지, 도움 partner 동반자
celebration 경축, 축하

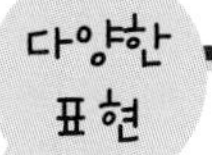

You are the team leader!
당신이 바로 팀장님이시군요!

Oh! It was you!
알고 보니 당신이었군요!

Have we met in person?
우리가 직접 만난 적이 있나요?

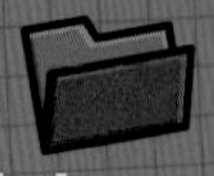

Unit 012

회사에 대해 간단하게 소개를 드리겠습니다.

Let me introduce our company briefly.

렛 미 인트로듀스 아월 컴퍼니 브리플리.

처음 만나 회사에 대해 소개를 할 때 쓸 수 있는 표현으로 향후 좋은 관계를 유지하자고 말하는 상황입니다.

대화문 1

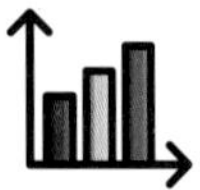

A Hi. Let me introduce our company briefly.
안녕하세요. 회사에 대해 간단하게 소개를 드리겠습니다.

B What does your company mainly do?
회사의 주요 업무가 무엇인가요?

A We produce and develop cosmetics.
화장품 개발과 생산입니다.

B Anything else?
또 다른 것이 있나요?

단어
introduce 소개하다 briefly 간단히 mainly 주로
produce 생산하다 develop 개발하다 cosmetics 화장품

대화문 2

A Hi. Let me introduce our company briefly.
안녕하세요. 회사에 대해 간단하게 소개를 드리겠습니다.

B When was the company established?
귀사는 언제 설립되었나요?

A It was established in 2008. It's been already 11 years.
2008년에 설립되었습니다. 벌써 11년이 되었네요.

B What is the main management system of your company?
귀사의 주요 경영 방식은 무엇인가요?

단어 establish 설립하다 management 경영 system 방식

Does your company have a branch in the United States?
당신의 회사는 미국에 지사가 있나요?

We are one of the biggest international trading companies in Korea.
저희는 한국 최대의 대외 무역 회사 중 하나입니다.

We specialize in product design.
저희는 제품 디자인 업무에 전문적으로 종사하고 있습니다.

Part 1 소개/만남 중

귀사에 대해 간단히 소개 좀 해주시겠어요?

Could you introduce a little bit about your company?

쿠쥬 인트로듀스 어 리를 빗 어바웃 유얼 컴퍼니?

서로의 회사에 대해 소개를 부탁할 때 쓸 수 있는 표현으로 회사에 관련된 내용을 설명하는 상황입니다.

대화문 1

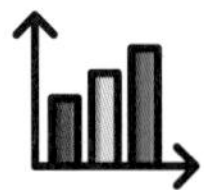

A **Hi. Could you introduce a little bit about your company?**
안녕하세요. 귀사에 대해 간단히 소개 좀 해주시겠어요?

B **Yes. Can I use PPT?**
네. 제가 PPT를 사용해도 될까요?

A **Of course, you can.**
당연히 가능하죠.

B **Okay. Let me set it up. I will start soon.**
알겠습니다. 제가 준비 좀 하겠습니다. 곧 시작하겠습니다.

단어
use 사용하다 set up 준비하다 start 시작하다 soon 곧

대화문 2

A Hi. Could you introduce a little bit about your company?

안녕하세요. 귀사에 대해 간단히 소개 좀 해주시겠어요?

B Of course, I could. Which part do you want to know?

당연히 가능하죠. 어떤 부분에 대해 알고 싶으신가요?

A Let's start with the management system.

경영 방식부터 시작하시죠.

B Okay.

알겠습니다.

단어 know 알다 part 부분

Could you talk about your company briefly?

귀사에 대해 간단하게 이야기해 주시겠어요?

I just introduced to you the current status of our company and our products.

방금 저희 회사의 상황과 제품에 대해 소개해드렸습니다.

The products of our company are cost-effective

우리 회사의 제품은 가성비가 매우 좋습니다.

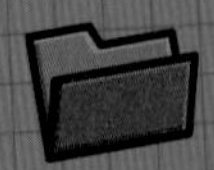

Unit 014

우선 저희 직원들을 소개하겠습니다.

First, let me introduce you to our workers.

펄스트, 렛 미 인트로듀스 유 투 아월 월컬스.

고객사에게 동료를 소개할 때 쓸 수 있는 표현으로 앞으로 좋은 관계를 유지하자고 말하는 상황입니다.

대화문 1

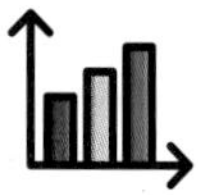

A **First, let me introduce you to our workers.**
우선 저희 직원들을 소개하겠습니다.

B **Hi. Nice to meet you.**
안녕하세요. 만나서 반갑습니다.

A **Nice to meet you too. Welcome.**
저도 만나서 반갑습니다. 정말 환영합니다.

B **Thank you.**
고맙습니다.

단어

worker 직원   welcome 환영하다

대화문 2

A First, let me introduce you to our workers.
우선 저희 직원들을 소개하겠습니다.

B Hi. I am Chul Lee. Please call me Chul.
안녕하세요. 저는 이철입니다. 철 이라고 부르시면 됩니다.

A Hi. Welcome to our company.
안녕하세요. 우리 회사에 오신 것을 환영합니다.

B I need to learn a lot. I might need your help in the future.
제가 배워야 할 점이 많으니 앞으로 도움이 필요할 것 같습니다.

단어
learn 배우다　need 필요하다　help 도움

First, let me introduce myself.
우선 제 소개를 할게요.

Let me introduce you to other workers.
제가 다른 직원들을 소개해 드릴게요.

I don't think we've met before.
처음 뵙겠습니다.

Unit 015

저희 제품에 대해 소개하겠습니다.

Let me introduce you to our products.

렛 미 인트로듀스 유 투 아월 프로덕츠.

회사의 제품에 대해 소개할 때 쓰는 표현으로 회사에 대해 설명하는 상황입니다.

대화문 1

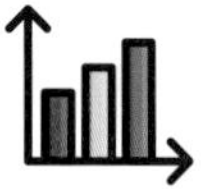

A Let me introduce you to our products.
저희 제품에 대해 소개하겠습니다.

B Is this your company's staple product?
이것은 귀사의 대표 제품인가요?

A Yes, it is the best-selling product in our company.
그렇습니다. 회사에서 가장 잘 팔리는 제품입니다.

B I see. Could you talk about it briefly?
그렇군요. 간단하게 말씀해주실 수 있나요?

단어
staple product 대표 제품 best-selling 가장 잘 팔리는

대화문 2

A Let me introduce you to our products.
저희 제품에 대해 소개하겠습니다.

B Is this the most recent product of your company?
이것은 귀사의 가장 최신 제품인가요?

A Yes, it is the most recently developed one.
네, 가장 최근에 개발된 것입니다.

B Could you tell me about its functions?
제품의 기능에 대해 말씀해주실 수 있나요?

단어 recent 최근의　developed 개발된　function 기능

다양한 표현

Let me introduce you to our patented item.
우리 회사의 특허품을 소개하겠습니다.

Our company uses cutting edge technology.
우리 회사는 최첨단 기술력을 사용합니다.

This is our company's cash cow.
이것이 우리 회사의 주력 상품입니다.

짧은 미팅이었지만 매우 유익한 자리였습니다.

The meeting was short, but very helpful.

더 미팅 워즈 숄트, 벗 베리 핼풀.

미팅을 마치고 난 뒤 말할 수 있는 표현으로 다음을 기약하며 약속을 정하는 상황입니다.

대화문 1

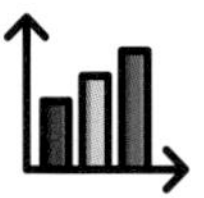

A The meeting was short, but very helpful.
짧은 미팅이었지만 매우 유익한 자리였습니다.

B I also learned a lot from you.
저도 당신으로부터 많은 것을 배웠습니다.

A Let's meet again when we have time.
다음에 시간이 되면 다시 봐요.

B Sure. Let's keep in touch.
알겠습니다. 계속 연락해요.

단어
short 짧은 helpful 도움이 되는, 유익한
keep in touch 계속 연락하다

대화문 2

A **The meeting was short, but very helpful.**
짧은 미팅이었지만 매우 유익한 자리였습니다.

B **Don't mention it. I also learned a lot.**
별말씀을요. 덕분에 저도 많은 것을 배웠습니다.

A **When should we meet next time?**
저희 다음에 언제 만날까요?

B **Let's keep in touch, and grab some coffee when we have time.**
계속 연락하고, 시간이 되면 커피 한잔해요.

단어
mention 언급하다　grab 잡다, 잠깐 ~하다

The business trip went really well this time.
이번 출장은 매우 순조로웠습니다.

Thank you all for your support and effort.
모든 분들의 지지와 노력에 감사드립니다.

Thanks to your hard work, the business trip was successful.
여러분들의 노력 덕분에 출장을 순조롭게 마쳤습니다.

Unit 017

이 기간 동안 덕분에 잘 있다가 갑니다.
I had a great time here. Thank you.

아이 해드 어 그뤠잇 타임 히얼. 땡큐.

미팅을 다 마치고 귀국길에 오르기 전에 말할 수 있는 표현으로 다음을 기약하는 상황입니다.

대화문 1

A I had a great time here. Thank you.
이 기간 동안 덕분에 잘 있다가 갑니다.

B No worries. It was my pleasure.
별말씀을요. 제가 좋아서 한 일입니다.

A It was great. I will never forget this trip.
정말 좋았어요. 이번 여행은 잊지 못할 겁니다.

B Hope to see you soon.
곧 다시 뵈었으면 좋겠습니다.

단어
worry 걱정 forget 잊다

대화문 2

A **I had a great time here. Thank you.**
이 기간 동안 덕분에 잘 있다가 갑니다.

B **Time flies. I wish you could stay longer.**
시간이 정말 빠르네요. 더 있다가 가시면 좋은데요.

A **I will come again next time.**
다음에 또 오겠습니다.

B **Okay. Have a safe journey. Keep in touch.**
알겠습니다. 잘 돌아가시고요, 계속 연락해요.

단어
wish 바라다 stay 머무르다 safe 안전한 journey 여정

Thank you all for your help.
도와주신 모든 분께 감사드립니다.

Thank you for giving me this chance.
저에게 이 기회를 주셔서 감사합니다.

Thank you for your support.
저를 지지해 주셔서 감사합니다.

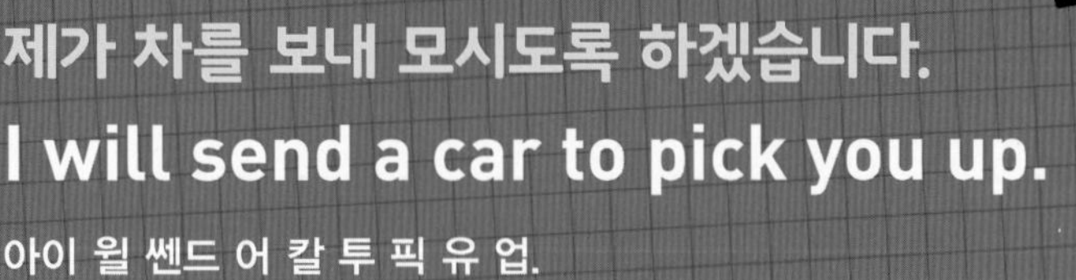

제가 차를 보내 모시도록 하겠습니다.

I will send a car to pick you up.

아이 윌 센드 어 칼 투 픽 유 업.

공항에 도착한 후 고객사에서 차를 보내 모신다고 할 때 쓸 수 있는 표현으로 공항에 도착했을 때의 상황입니다.

대화문 1

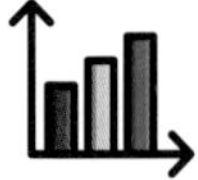

A **Jane, have you arrived at the airport?**
제인, 공항에 도착했나요?

B **Yes, I have just arrived.**
네, 막 도착했습니다.

A **Okay, I will send a car to pick you up. Just wait a second.**
네, 제가 차를 보내 모시도록 하겠습니다. 잠시만 기다리세요.

B **Thank you.**
고맙습니다.

단어 arrive 도착하다 airport 공항 pick up 차로 모시다

대화문 2

A **Jane, what time will you arrive at the airport? I will send a car to pick you up.**

제인, 몇 시에 공항에 도착하나요? 제가 차를 보내 모시도록 하겠습니다.

B **I will arrive at around 8 p.m. I really appreciate your concern.**

저녁 8시 정도에 도착합니다. 신경 써 주셔서 고마워요.

A **You are welcome. I am just doing what I have to do.**

별말씀을요. 당연히 해야 할 일이죠.

B **Thank you so much.**

정말 감사합니다.

단어

appreciate 감사하다 concern 관심

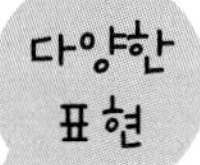

Everything is ready. Don't worry.

이미 준비가 다 되었습니다. 걱정하지 마세요.

What time should I give you a ride?

몇 시에 태워드려야 하나요?

I can take a cab myself.

제가 택시를 타면 됩니다.

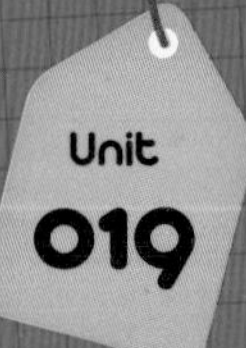

전 가봐야겠습니다.
I've gotta go.
아이브 가러 고우.

미팅을 마치고 헤어질 때 쓸 수 있는 표현으로 다음을 기약하는 상황입니다.

대화문 1

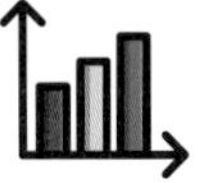

A I've gotta go. Thank you for your concern and care.
전 가봐야겠습니다. 관심과 돌봐주심에 감사드립니다.

B That's too bad. I wish you could stay longer.
정말 아쉽네요. 더 계시길 바라는데요.

A I know, but I've got piles of work to do.
그러니까요. 그런데 할 일이 많이 있어요.

B Okay. Let's keep in touch.
알겠습니다. 앞으로 연락해요.

단어
care 돌봄　pile 더미

대화문 2

A I've gotta go. Thank you for your concern and care.
전 가봐야겠습니다. 관심과 돌봐주심에 감사드립니다.

B Don't mention it. I just did what I had to do.
별말씀을요. 당연히 해야 할 일을 한 거예요.

A Please come to Korea when you have time.
시간이 되시면 한국에 오세요.

B Okay, I will. Maybe next April.
알겠습니다. 그러겠습니다. 아마도 내년 4월에요.

단어
April 4월

다양한 표현

Let's say goodbye here.
그럼 여기서 인사해요.

Thank you for your effort.
당신의 수고에 감사드립니다.

Tell him I said hello.
그에게 안부 전해주세요.

앞으로 계속 연락했으면 좋겠습니다.

Let's keep in touch.

레츠 킵 인 터치.

향후에 자주 연락을 하자는 표현으로 좋은 관계를 계속 유지하자고 하는 상황입니다.

대화문 1

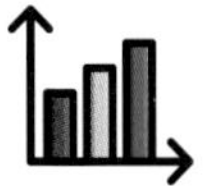

A **Thank you so much. Let's keep in touch.**
정말 감사합니다. 앞으로 계속 연락했으면 좋겠습니다.

B **Okay. Please tell me if you need any help.**
알겠습니다. 도움이 필요하면 언제든 말씀하세요.

A **Okay. Let me know if you need any help.**
알겠습니다. 무슨 도움이 필요하시면 저에게도 알려주세요.

B **Ok, I will.**
네, 그러겠습니다.

단어 let ~ know 알려주다

대화문 2

A **Thank you so much. Let's keep in touch.**
정말 감사합니다. 앞으로 계속 연락했으면 좋겠습니다.

B **Okay. I will contact you when I go to the US.**
알겠습니다. 제가 미국에 가면 꼭 연락드릴게요.

A **Great. I will take you to a decent steak house.**
좋아요. 제가 제대로 된 스테이크집에 데려갈게요.

B **Nice. I am looking forward to it.**
좋습니다. 기대하겠습니다.

단어
the US(the United States) 미국 decent 괜찮은, 제대로 된

다양한 표현

Take care!
꼭 건강하세요!

Safe journey! See you next time!
조심히 가시고요! 다음에 또 봐요!

We'll talk again soon.
우리 또 연락해요.

복습하기

Unit 001 마중 나와 주셔서 감사드립니다.
Thank you for picking me up.
땡큐 폴 피킹 미 업.

Unit 002 먼 길 오시느라 수고하셨습니다.
You must be tired after such a long trip.
유 머스트 비 타이얼드 에프털 써치 어 롱 츄립.

Unit 003 오래간만입니다.
Long time no see.
롱 타임 노우 씨.

Unit 004 제 명함입니다. 만나서 반갑습니다.
Here is my business card.
히얼 이즈 마이 비즈니스 카드.

Unit 005 저는 미국 시장을 담당하고 있습니다.
I am in charge of the American market.
아이 엠 인 찰지 오브 디 어메리칸 마켓.

Unit 006 저는 영업부에서 일합니다.
I am working in the sales department.
아이 엠 월킹 인 더 쎄일즈 디팔트먼트.

Unit 007 말씀 많이 들었습니다.
I've heard a lot about you.
아이브 헐드 얼 랏 어바웃 유.

Unit 008 당신과 일하는 것이 기다려집니다.
I can't wait to work with you.
아이 캔트 웨잇 투 월크 윗 유.

Unit 009 제가 어떻게 호칭을 해야 할까요?
What should I call you?
왓 슛 아이 콜 유?

Unit 010 이분은 영업부 부장님이십니다.
He/she is the head of the sales department.
히/쉬 이즈 더 해드 오브 더 쎄일즈 디팔트먼트.

Unit 011 메일로만 인사를 드리다가 드디어 직접 만나게 됐네요.
We finally met after communicating via email so long.
위 파이널리 멧 에프털 커뮤니케이팅 비아 이메일 쏘 롱.

Unit 012 회사에 대해 간단하게 소개를 드리겠습니다.
Let me introduce our company briefly.
렛 미 인트로듀스 아월 컴퍼니 브리플리.

Unit 013 귀사에 대해 간단히 소개 좀 해주시겠어요?
Could you introduce a little bit about your company?
쿠쥬 인트로듀스 어 리를 빗 어바웃 유얼 컴퍼니?

Unit 014 우선 저희 직원들을 소개하겠습니다.
First, let me introduce you to our workers.
펄스트, 렛 미 인트로듀스 유 투 아월 월컬스.

Unit 015 저희 제품에 대해 소개하겠습니다.
Let me introduce you to our products.
렛 미 인트로듀스 유 투 아월 프로덕츠.

Unit 016 짧은 미팅이었지만 매우 유익한 자리였습니다.
The meeting was short, but very helpful.
더 미팅 워즈 숄트, 벗 베리 핼풀.

Unit 017 이 기간 동안 덕분에 잘 있다가 갑니다.
I had a great time here. Thank you.
아이 해드 어 그뤠잇 타임 히얼. 땡큐.

Unit 018 제가 차를 보내 모시도록 하겠습니다.
I will send a car to pick you up.
아이 윌 쎈드 어 칼 투 픽 유 업.

Unit 019 전 가봐야겠습니다.
I've gotta go.
아이브 가러 고우.

Unit 020 앞으로 계속 연락했으면 좋겠습니다.
Let's keep in touch.
레츠 킵 인 터치.

쉬어가는 페이지

비즈니스 에티켓 (Etiquette)

다른 사람을 만날 때 예절을 지켜야 하는 것은 모든 나라의 공통점이지만 어떻게 예절을 지키는가는 문화에 따라 다를 수 있습니다. 예를 들어, 우리나라에서는 고개를 숙여서 인사를 함으로서 존중을 표현하지만 미국에서는 고개를 숙여서 인사하지 않습니다. 반대로 미국에서는 상대방의 의견에 동의하지 않을 때 비교적 직접적으로 반대 의견을 제시하고 우리나라는 체면 문화가 있기 때문에 그렇게 하지 않습니다. 이러한 예절 차이를 이해하는 것은 외국 사람들과 무역을 하는데 아주 중요한 역할을 합니다. 비즈니스에서 지켜야 하는 예절을 비즈니스 에티켓(Etiquette)이라고 합니다. 통상적인 비즈니스 에티켓과 각 나라의 독특한 비즈니스 에티켓을 비교해 보며 다른 나라에서 거래를 할 때 어떻게 행동해야 하는지 배워봅시다.

1. 인사

통상적인 에티켓: 대부분의 나라에서는 악수를 합니다.

독특한 에티켓: 일본 – 인사를 합니다. 중국 – 연장자부터 인사합니다. 아랍에미리트 – 오른손으로 악수합니다. (왼손은 화장실에서 사용하는 손입니다) 인도 – 여자들은 남자와 악수를 하지 않습니다. 브라질 – 여자들끼리는 볼에 가볍게 키스를 하는 경향이 있습니다.

2. 호칭

통상적인 에티켓: 성과 직함을 쓰고 상대방이 이름을 불러도 된다고 하면 이름을 부릅니다.

(예: 김철수(Kim Chulsoo) 본부장(Director) 허락 전: Director Kim, 허락 후: Chulsoo)

독특한 에티켓: 미국, 호주, 브라질은 바로 이름을 부를 수 있지만 상대방이 허락한 후 부르는 것을 더 바람직합니다.

3. 나라별 거래 특징

러시아: 직설적으로 거래를 하고 선물을 주고받는 것이 일상적입니다.

미국: 가벼운 주제로 긴장을 풀고 거래에 대한 이야기를 합니다. 거래는 직설적으로 합니다.

중국: 연장자를 존중하고 상대방의 체면을 세워주어야 합니다.

일본: 주로 가장 높은 사람이 거래를 이끌고 직급이 비슷한 사람과 마주 보고 앉습니다.

인도: 사적인 질문을 하는 것이 통상적이고 모든 서류는 오른손으로 전달되어야 합니다.

아랍 에미리트: 모든 서류는 오른손으로 전달하고 모임 중에 전화나 문자를 하지 않습니다.

이탈리아: 관계를 기초로 비즈니스에 임하기 때문에 상대방의 신뢰를 쌓는 것이 중요합니다.

스페인: 관계를 쌓는 것이 중요하므로 첫 만남에서는 사적인 이야기를 할 수 있습니다.

영국: 거래를 하기 전에 너무 개인적인 이야기를 하는 것보다 날씨 같이 가벼운 주제에 대해 이야기하는 것이 좋습니다.

프랑스: 프랑스 말을 쓰면 좋아하므로 인사라도 프랑스 말로 하면 호감을 살 수 있습니다.

독일: 말을 직설적으로 하는 것이 통상적이고 직설적인 것이 무례하게 보이지 않습니다.

호주: 시간을 준수하는 것이 아주 중요합니다.

브라질: 말을 할 때 아주 가까이서 하는 경향이 있고 신체적 접촉에 관대합니다. 신체적 접촉이 신뢰와 관계 형성에 도움이 되기 때문입니다.

벨기에: 어느 정도 관계가 형성된 후에는 인사할 때 가볍게 볼 키스를 하는 것을 선호합니다.

핀란드: 사우나 문화가 발달되어서 관계 형성과 환대를 위해 사우나에 초대할 수 있습니다. 그러므로 초대를 받으면 당황하지 말고 응하는 것이 좋습니다.

캐나다: 시선을 마주치고 이야기하는 것과 시간을 준수하는 것이 중요합니다.

한국: 체면을 세워주는 것이 중요하고 상대방을 직설적으로 반대하면 안 됩니다.

미팅 중

고객사 사무실에 도착하여 고객사와 향후 진행 일정에 대해 미팅을 하고 있습니다. 향후 진행 방법, 계약조건 및 여러 가지 상황에 대해 이야기합니다.

021 우선 무엇부터 이야기할까요?

022 오늘 일정에 대해 먼저 말씀드리겠습니다.

023 일은 어떠신가요?

024 그것에 대해서는 사장님과 상의를 해봐야 할 것 같아요.

025 우리 우선 상황을 보고 다시 말해요.

026 보내신 메일은 이미 받았어요.

027 샘플은 조만간 보내겠습니다.

028 그 부분은 영업부에서 협상을 하고 있습니다.

029 서로 협력해서 함께 발전합시다.

030 다음 미팅은 언제인가요?

031 잠깐 쉬었다가 다시 진행하시죠.

032 우리 서로 양보하죠.

033 할부로 지불하고 싶습니다.

034 신용장은 개설하셨나요?

035 이 결정에 대해서는 제가 전부 책임지겠습니다.

036 계약조건이 무엇인가요?

037 내일 계약하시죠.

038 하는 김에 세부사항에 대해서도 이야기하시죠.

039 저희는 어쩔 수 없이 가격을 올려야 합니다.

040 오늘은 여기까지 하겠습니다.

Unit 021

우선 무엇부터 이야기할까요?

What should we talk about first?

왓 슛 위 토크 어바웃 펄스트?

미팅을 하기 전에 어떤 주제에 대해 말할 때 쓸 수 있는 표현으로 이야기를 시작할 때의 상황입니다.

대화문 1

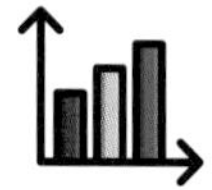

A What should we talk about first?
우선 무엇부터 이야기할까요?

B Don't be nervous. Any topic is fine.
긴장하지 마시고요. 무슨 주제든 괜찮습니다.

A Then, let me introduce myself briefly.
그럼 제 소개를 간단하게 하겠습니다.

B Okay.
좋습니다.

단어
nervous 긴장한 topic 주제

대화문 2

A What should we talk about first?
우선 무엇부터 이야기할까요?

B First, please tell me what you think about our recent project.
우선 우리의 최근 프로젝트에 대한 당신의 생각을 말해보세요.

A Okay. I will briefly talk about what I think.
알겠습니다. 그럼 제 생각을 간단히 말해보겠습니다.

B Great. Let's start now.
좋습니다. 지금 시작하시죠.

단어
think 생각하다

다양한 표현

What is the topic?
주제가 뭐죠?

Could you tell me your opinion first?
먼저 의견을 말씀해주시겠어요?

Time's up. We gotta begin first.
시간이 되었네요. 우리 먼저 시작하죠.

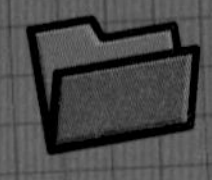

Unit 022

오늘 일정에 대해 먼저 말씀드리겠습니다.

I will talk about today's schedule first.

아이 윌 토크 어바웃 투데이스 스케줄 펄스트.

일정에 대해 말할 때 쓸 수 있는 표현으로 일정을 변경하거나 계획할 때의 상황입니다.

대화문 1

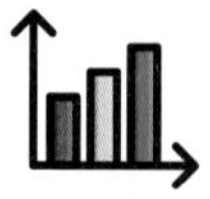

A **I will talk about today's schedule first.**
오늘 일정에 대해 먼저 말씀드리겠습니다.

B **Is your schedule full?**
당신의 일정이 꽉 차 있나요?

A **No, it is not full yet.**
아니요, 아직 다 차지 않았습니다.

B **If you are ok, I'd like to have lunch with you.**
괜찮으시다면 같이 점심 식사를 하고 싶습니다.

단어
schedule 일정 full 꽉 찬 lunch 점심

대화문 2

A **I will talk about today's schedule first.**
오늘 일정에 대해 먼저 말씀드리겠습니다.

B **If you are busy, we can go to lunch next time.**
만약에 바쁘시면 점심은 다음에 하러 가도 됩니다.

A **Okay. I will let you know how it goes.**
알겠습니다. 어떻게 진행되는지 보고 알려드릴게요.

B **Great. Take your time.**
좋습니다. 천천히 하세요.

단어 take your time 천천히 하다

다양한 표현

When would be convenient for you?
언제가 편하신가요?

I will check my schedule first and let you know.
우선 일정을 보고, 알려드릴게요.

My schedule is flexible.
제 일정은 조정이 가능해요.

Unit 023

일은 어떠신가요?
How's work going?

하우즈 월크 고잉?

안부를 물을 때 쓸 수 있는 표현으로 안부 및 일정에 대해 이야기할 때의 상황입니다.

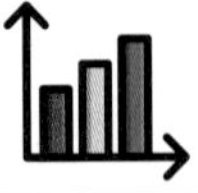

대화문 1

A How's work going?
일은 어떠신가요?

B Not bad, but there is a small problem.
그런대로요. 그런데 작은 문제가 있어요.

A Really? Do you need any help?
정말요? 도움이 필요하신가요?

B Let me think. Yes, do you have time tomorrow?
생각을 좀 해 볼게요. 네, 내일 시간되시나요?

단어 small 작은 problem 문제

대화문 2

A **How's work going?**
일은 어떠신가요?

B **It is going pretty well. Can you give me a hand tomorrow if you have time?**
꽤 순조롭습니다. 내일 시간이 되시면 저를 도와주실 수 있나요?

A **Yes I can. What time?**
좋습니다. 몇 시에요?

B **10 a.m. in the morning.**
오전 10시에요.

단어 pretty 꽤 give a hand 돕다

다양한 표현

How have you been lately?
요즘 어떻게 지내세요?

How is it going?
어떻게 지내시나요?

Anything new?
새로운 일 있나요?

그것에 대해서는 사장님과 상의를 해봐야 할 것 같아요.

About that, I need to talk to my boss.

어바웃 뎃, 아이 니드 투 톡 투 마이 보스.

중요한 안건에 대해서 보고를 해야 한다고 할 때 쓸 수 있는 표현으로 문제가 생길 때 보고나 약속 시간에 대해 확인하는 상황입니다.

대화문 1

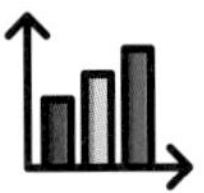

A About that, I need to talk to my boss.
그것에 대해서는 사장님과 상의를 해봐야 할 것 같아요.

B Okay. When is your boss available?
알겠습니다. 사장님은 언제 시간이 되시나요?

A He will be available at around 3 p.m.
오후 3시 정도에 시간이 되실 겁니다.

B All right. Thank you.
알겠습니다. 고맙습니다.

단어 boss 사장, 상사 available 시간이 있는

대화문 2

A **About that, I need to talk to my boss.**
그것에 대해서는 사장님과 상의를 해봐야 할 것 같아요.

B **I think so too. Is your boss at the office now?**
저도 그렇게 생각해요. 사장님은 지금 사무실에 계시나요?

A **He just left. He will come back in the afternoon.**
방금 나가셨네요. 오후에 돌아오실 겁니다.

B **Then, let's go to his office in the afternoon.**
그러면 오후에 사장님 뵈러 가요.

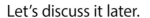

단어
office 사무실 afternoon 오후

다양한 표현

Let's discuss it later.
나중에 상의하죠.

I can't answer that.
그것은 제가 대답해드릴 수 없어요.

I will talk to our team leader and let you know.
저희 팀장님께 말씀드려보고 알려드릴게요.

Unit 025

우리 우선 상황을 보고 다시 말해요.

Let's see how it goes first, and then talk about it.

레츠 씨 하우 잇 고우즈 펄스트, 엔 덴 토크 어바웃 잇.

어떤 민감한 부분에 대해 다시 이야기하자고 할 때 쓸 수 있는 표현으로 추후에 다시 시간을 정하자고 하는 상황입니다.

대화문 1

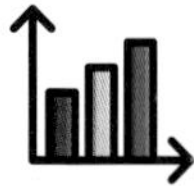

A Let's see how it goes first, and then talk about it.
우리 우선 상황을 보고 다시 말해요.

B That would work, but since we are running out of time, we need to hurry.
그렇게 해도 되지만 시간이 많지가 않으니 서둘러야 해요.

A Then, let's deal with it now.
그러면, 지금 바로 처리해보죠.

B Okay. What should we do?
좋습니다. 우리가 무엇을 해야 하죠?

단어

work 가능하다 run out of time 시간이 다 되다
hurry 서두르다 deal with 처리하다

대화문 2

A **Let's see how it goes first, and then talk about it.**
우리 우선 상황을 보고 다시 말해요.

B **That's a great idea. Then, what should we do now?**
좋은 생각입니다. 그럼 지금은 무엇을 해야 하죠?

A **Our president is not here. Let's meet him in the afternoon.**
회장님이 여기 안 계시네요. 오후에 같이 회장님 만나요.

B **Okay, I will be waiting at the office.**
알겠습니다. 사무실에서 기다릴게요.

단어 president 회장

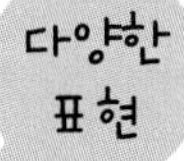

Let's talk about it later.
이것에 대해서는 나중에 이야기해요.

I will follow your opinion.
당신의 의견을 따르겠습니다.

Let's talk about the details.
우리 자세한 내용을 이야기해요.

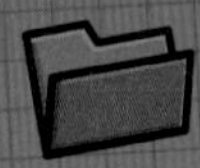

보내신 메일은 이미 받았어요.
I have already received your email.

아이 해브 올뤠디 뤼씨브드 유얼 이메일.

메일을 받았다고 할 때 쓸 수 있는 표현으로 메일 내용에 대해 확인을 요청하는 상황입니다.

대화문 1

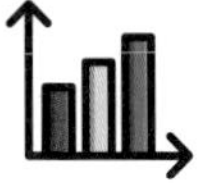

A Hi, director Lee. I have already received your email.
이 팀장님, 안녕하세요. 보내신 메일은 이미 받았어요.

B Great. Please reply to me after checking it.
잘 됐네요. 확인하시고 저에게 답해주세요.

A Okay. I will reply in the evening.
알겠습니다. 저녁에 답할게요.

B Good. Thank you.
좋습니다. 감사합니다.

단어 receive 받다 reply 회신하다 check 확인하다 evening 저녁

대화문 2

A **Hi, director Lee. I have already received your email.**
이 팀장님, 안녕하세요. 보내신 메일은 이미 받았어요.

B **Okay. Did you check it?**
알겠습니다. 확인해 보셨나요?

A **I haven't checked it yet. I will do it right now.**
아직 확인하지 못했어요. 바로 확인할게요.

B **Okay. Please reply to me as soon as possible.**
알겠습니다. 가능한 빨리 답해주세요.

단어 as soon as possible 가능한 빨리

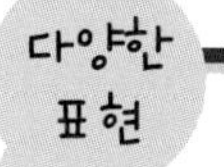

Did you get my email?
제가 보낸 이메일 받으셨나요?

Did you check my email?
제가 보낸 이메일 확인하셨나요?

We haven't received your email. Could you send it again?
저희가 아직 받지 못했는데 다시 한번 보내주시겠어요?

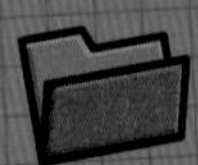

샘플은 조만간 보내겠습니다.

I will send you the samples soon.

아이 윌 쎈드 유 더 쎔플스 쑨.

샘플을 보낸다고 할 때 쓸 수 있는 표현으로 샘플의 내용에 대해 말하는 상황입니다.

대화문 1

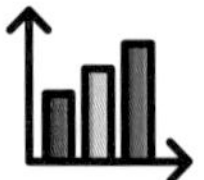

A **Hi, director Lee. I will send you the samples soon.**
이 팀장님, 안녕하세요. 샘플은 조만간 보내겠습니다.

B **Okay. How long do you think it will take?**
알겠습니다. 얼마 정도 걸릴 것 같아요?

A **You will receive them in about two days.**
대략 이틀 후면 받으실 수 있습니다.

B **Great. Thank you.**
잘 됐네요. 감사합니다.

단어
sample 샘플　take (시간이) 걸리다

대화문 2

A **Hi, director Lee. I will send you the samples soon.**
이 팀장님, 안녕하세요. 샘플은 조만간 보내겠습니다.

B **Okay. Thank you. How many samples do you have?**
알겠습니다. 감사합니다. 몇 개의 샘플이 있죠?

A **In total, we have twelve samples. You will receive them tomorrow afternoon.**
총 12개 있습니다. 내일 오후에 받으실 것입니다.

B **Great. Thank you very much.**
잘 됐네요. 감사합니다.

단어 in total 총 twelve 12

Does your company provide samples for free?
귀사는 무료로 샘플을 제공하나요?

You have to pay to try samples.
샘플을 한번 해 보기 위해서는 돈을 지불해야 합니다.

When should I return the sample?
샘플은 언제 돌려드려야 하죠?

Unit 028

그 부분은 영업부에서 협상을 하고 있습니다.

The sales department is negotiating on that.

더 쎄일즈 디팔트먼트 이즈 네고시에이팅 온 뎃.

안건에 대해서 협상을 진행 중이라고 할 때 쓸 수 있는 표현으로 협상의 결과에 대해 말하는 상황입니다.

대화문 1

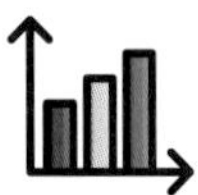

A The sales department is negotiating on that.
그 부분은 영업부에서 협상을 하고 있습니다.

B I see. Looks like it will proceed soon.
그렇군요. 곧 진행이 되겠네요.

A The result may come out tomorrow.
내일이면 결과가 나올 수 있어요.

B Okay. Please let me know if the result comes out.
알겠습니다. 결과가 나오면 저에게 알려주세요.

단어

negotiate 협상하다　looks like ~인 것 같다
proceed 진행되다　result 결과

대화문 2

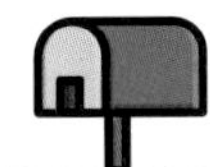

A The sales department is negotiating on that.
그 부분은 영업부에서 협상을 하고 있습니다.

B Can I see the result today?
오늘 결과를 볼 수 있나요?

A I think you can. I will let you know once the result comes out.
그러실 수 있을 것 같아요. 일단 결과가 나오면 바로 알려드릴게요.

B Okay.
알겠습니다.

단어
once 일단 ~하면

We are going to have a meeting on the issue of inflation.
저희는 물가상승 문제에 대해 미팅을 할 것입니다.

Our company will consider your company's request seriously.
저희 회사는 귀사의 요구를 진지하게 고려해보겠습니다.

Why don't we talk about the details next week?
저희 다음 주에 자세한 부분에 대해 이야기 하는 것 어때요?

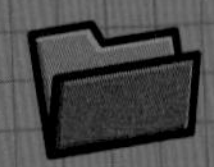

Unit 029

서로 협력해서 함께 발전합시다.

Let's help each other and grow together.

레츠 헬프 이취 아덜 엔 그로우 투게덜.

상호 간에 좋은 관계를 유지하자고 할 때 쓸 수 있는 표현으로 앞으로 서로 협력하면서 지내자고 말하는 상황입니다.

대화문 1

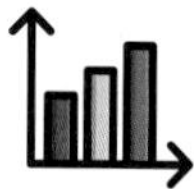

A Director Lee. Let's help each other and grow together.
이 팀장님, 우리 서로 협력해서 함께 발전합시다.

B Of course. Director Austen, I am looking forward to working with you.
당연하죠. 오스틴 팀장님, 앞으로 함께 일할 것이 기대됩니다.

A Thank you! I can't wait to work with you.
감사합니다! 당신과 함께 일할 것이 너무 기다려지네요.

B Great. Let's thrive together.
좋네요. 함께 번창합시다.

단어
grow 발전하다 thrive 번창하다

대화문 2

A Director Lee. Let's help each other and grow together.
이 팀장님, 우리 서로 협력해서 함께 발전합시다.

B No problem. I am looking forward to working with you.
문제없습니다. 앞으로 함께 일할 것이 기대됩니다.

A If you need any help, please let me know. Anytime.
만약에 도움이 필요하면 알려주세요. 언제든지요.

B Okay. Thank you very much.
알겠습니다. 정말 감사합니다.

단어
anytime 언제든지

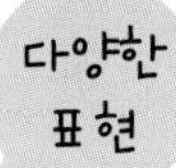

I hope we will work together more often in the future.
앞으로 더 자주 합작하기를 희망합니다.

I hope our cooperation will be fruitful.
저희의 합작이 좋은 결과가 있기를 바랍니다.

I hope we will work together and grow together in the future.
앞으로 같이 일하고 같이 성장하기를 희망합니다.

다음 미팅은 언제인가요?
When is the next meeting?
웬 이즈 더 넥스트 미팅?

다음에 언제 다시 만나는지 물을 때 쓸 수 있는 표현으로 시간을 정하는 상황입니다.

대화문 1

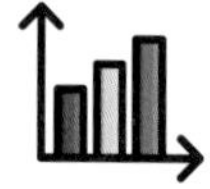

A When is the next meeting?
다음 미팅은 언제인가요?

B Maybe next Friday.
아마도 다음 주 금요일일 거예요.

A Will you be there?
그곳에 계실 거죠?

B Yes.
네.

단어
maybe 아마도 Friday 금요일

대화문 2

A When is the next meeting?
다음 미팅은 언제인가요?

B I heard it's the 2nd of the next month.
다음 달 2일로 들었어요.

A I will be away on business then. I might not be there.
그때 제가 출장이어서 가지 못할 거예요.

B Okay. I will tell him that.
알겠습니다. 제가 그에게 전달해드릴게요.

단어
away on business 출장 중인

When would be convenient for you?
언제가 편하신가요?

When are you available?
언제 시간이 나시나요?

We are busy tomorrow. Maybe next time.
저희가 내일 좀 바빠서요. 다음 기회에 해요.

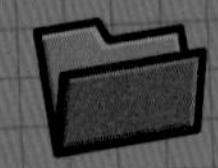

Unit 031

잠깐 쉬었다가 다시 진행하시죠.

Let's take a short break and continue.

레츠 테이크 어 숄트 브레이크 엔 콘티뉴.

잠시 휴식을 했다가 다시 진행하자고 할 때 쓰는 표현으로 컨디션에 대해 말하는 상황입니다.

대화문 1

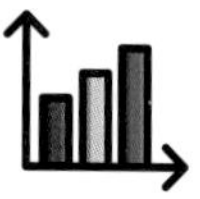

A **Let's take a short break and continue.**
잠깐 쉬었다가 다시 진행하시죠.

B **Okay. You look a bit tired, don't you?**
알겠습니다. 좀 피곤해 보이시네요, 맞죠?

A **Yes, I need to get a cup of coffee.**
그렇네요, 커피 한잔 해야겠어요.

B **Let me get it for you.**
제가 가져다드릴게요.

단어

take a break 쉬다　continue 계속하다　cup 컵
get 얻다, 구하다

대화문 2

A **Let's take a short break and continue.**
잠깐 쉬었다가 다시 진행하시죠.

B **You look tired today.**
오늘 피곤해 보이시네요.

A **Yes, I haven't slept all night.**
맞아요, 밤새 한잠도 못 잤어요.

B **Then, take a rest. Let me get you some coffee.**
그러면 좀 쉬세요. 제가 커피 갖다 드릴게요.

단어
all night 밤새도록 take a rest 쉬다

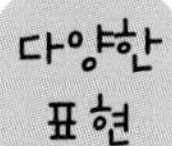

Let's have a meal first, and continue.
우리 먼저 식사하고, 다시 시작해요.

Let's take a break and have some coffee.
우리 우선 휴식하면서 커피 좀 마셔요.

Let's take a coffee break.
커피 마시면서 쉬는 시간을 가져요.

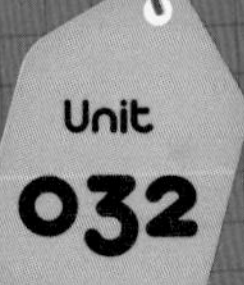

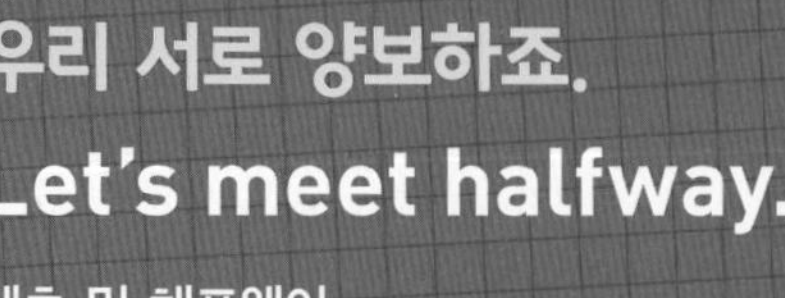

Unit 032 우리 서로 양보하죠. Let's meet halfway.

레츠 밋 해프웨이.

문제가 해결되지 않을 때 서로 양보를 하자고 말할 때 쓸 수 있는 표현으로 가격에 대해 협상을 하는 상황입니다.

대화문 1

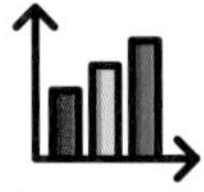

A Let's meet halfway.
우리 서로 양보하죠.

B This is already our lowest price.
이것은 이미 저희의 최저가입니다.

A If the price is agreeable, we can collaborate with your company in the future.
만약에 가격이 맞으면, 이후에 귀사와 합작할 수 있습니다.

B That would be great, but we can't reduce the price anymore.
그러면 좋겠네요. 하지만 더 이상 가격을 내릴 수 없습니다.

단어
meet halfway 절충하다 lowest 최저의
agreeable 마음에 드는 collaborate 합작하다 reduce 내리다
anymore 더 이상

대화문 2

A **Let's meet halfway.**
우리 서로 양보하죠.

B **Okay. Then, let me lower the price.**
알겠습니다. 그러면 가격을 낮춰 드릴게요.

A **Thank you. I think we will continue our collaboration.**
감사합니다. 우리 계속해서 합작을 할 것 같네요.

B **Great. I really hope so.**
잘 됐네요. 정말 그렇게 되기를 바랍니다.

단어
lower 낮추다 collaboration 합작

다양한 표현

Then, why don't we meet halfway?
그럼, 우리 서로 양보하는 게 어때요?

Can I get a discount?
할인 가능한가요?

The price is so high. Could you mark it down a little bit more?
가격이 너무 높은데 조금 더 깎아주실 수 있나요?

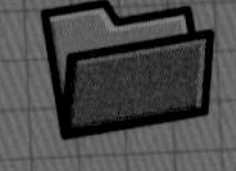

Unit 033

할부로 지불하고 싶습니다.

I'd like to pay in monthly installments.

아이드 라이크 투 페이 인 먼쓸리 인스톨먼츠.

가격조건에 대해 말할 때 쓸 수 있는 표현으로 가격조건의 변경을 요청하는 상황입니다.

대화문 1

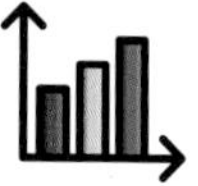

A You do 6 month installment plan? Then, I'd like to pay in monthly installments.
6개월 할부를 한다고요? 그럼 할부로 내고 싶습니다.

B No problem. Please, give me your card.
문제없습니다. 카드 주세요.

A Great. Here it is.
좋습니다. 여기 있습니다.

B Okay. One second please.
알겠습니다. 잠시만요.

단어 installment plan 할부 계획　monthly 매 달의

대화문 2

A **You do 6 month installment plan? Then, I'd like to pay in monthly installments.**
6개월 할부를 한다고요? 그럼 할부로 지불하고 싶습니다.

B **Oh, we don't do 6 month installment plan anymore.**
오, 저희는 더 이상 6개월 할부를 하지 않습니다.

A **Then, I will pay in full.**
그럼, 일시불로 하겠습니다.

B **Okay. Thank you very much.**
알겠습니다. 감사합니다.

단어 in full 전부, 빠짐없이

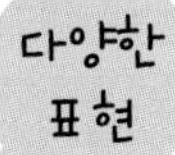

An installment plan is available only for our membership.
할부는 저희 회원들에게만 이용 가능합니다.

How would you like to pay?
어떻게 지불하시겠습니까?

Which installment plan do you prefer?
어떤 할부 계획을 선호하시나요?

Part 2 미팅 중

신용장은 개설하셨나요?
Have you opened a letter of credit?
해브 유 오픈드 어 레털 오브 크레딧?

신용장 개설에 관한 표현으로 진행에 대해 말하는 상황입니다.

대화문 1

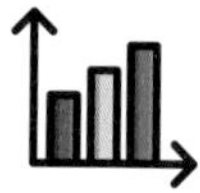

A **Have you opened a letter of credit?**
신용장은 개설하셨나요?

B **Not yet. I will do it this afternoon.**
아직이요, 오늘 오후에 할 거예요.

A **Please do it fast.**
빨리 처리해주세요.

B **Okay.**
알겠습니다.

단어
letter of credit 신용장

대화문 2

A Have you opened a letter of credit?
신용장은 개설하셨나요?

B I went to the bank today, but we need more documents.
오늘 은행에 갔었는데 더 많은 서류가 필요해요.

A We are running out of time.
우리 시간이 없어요.

B Okay.
알겠습니다.

단어 bank 은행 document 서류

When are you going to open a letter of credit?
언제 신용장을 개설하시나요?

What documents are required to open a letter of credit?
신용장을 개설하기 위해 어떤 서류가 요구되나요?

We need a letter of credit to reduce the risk.
우리는 위험을 줄이기 위해서 신용장이 필요합니다.

Unit 035

이 결정에 대해서는 제가 전부 책임지겠습니다.

I will take full responsibility for the decision.

아이 윌 테이크 풀 뤼스판서빌리티 폴 더 디씨젼.

어떤 일에 대해 책임을 진다고 말할 때 쓸 수 있는 표현으로 진행에 관하여 말하는 상황입니다.

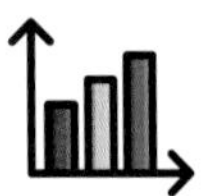

대화문 1

A I will take full responsibility for the decision.
이 결정에 대해서는 제가 전부 책임지겠습니다.

B Okay, but please think carefully before making the decision.
알겠습니다. 하지만 신중하게 생각하고 나서 결정하세요.

A I will. Thank you so much.
그러겠습니다. 정말 감사합니다.

B Good. Take your time.
그래요. 천천히 하세요.

단어

take responsibility 책임지다 decision 결정
carefully 신중하게

대화문 2

A I will take full responsibility for the decision.
이 결정에 대해서는 제가 전부 책임지겠습니다.

B Good, but we are running out of time. You need to hurry.
그래요. 그런데 시간이 많지 않으니 서둘러야 합니다.

A Okay. When should I make the final decision?
알겠습니다. 언제 최종 결정을 내려야하죠?

B Tomorrow afternoon.
내일 오후요.

단어

final decision 최종 결정

다양한 표현

Leave it up to me.
저한테 맡기세요.

I will take responsibility for this.
이것에 대해서는 제가 책임지겠습니다.

I will deal with it.
제가 처리하겠습니다.

Part 2 미팅 중

Unit 036

계약조건이 무엇인가요?

What are the terms of the contract?

왓 얼 더 텀스 오브 더 컨츄렉트?

계약조건에 대해 말하는 표현으로 계약기간 및 자세한 계약에 관해 이야기하는 상황입니다.

대화문 1

A What are the terms of the contract?
계약조건이 무엇인가요?

B The contract period is one year. Would that be okay?
계약기간이 1년인데 괜찮으신가요?

A Of course. Anything else?
당연하죠. 또 다른 것이 있나요?

B Let me see.
한번 볼게요.

단어 term 조건 contract 계약

대화문 2

A **What are the terms of the contract?**
계약조건이 무엇인가요?

B **Can we shorten the contract period?**
계약기간을 좀 짧게 할 수 없을까요?

A **How short?**
얼마나 짧게요?

B **I think one year would be good.**
제 생각에는 1년이 좋을 것 같습니다.

단어

shorten 짧게 하다

Is there any discrepancy in the agreement?
협의하는데 불일치하는 곳이 있나요?

Is there anything you want to say about the contract?
계약에 대해서 하고 싶은 말씀이 있나요?

Are there any issues on the additional provisions?
추가 조항에 관해서 무슨 문제가 있나요?

내일 계약하시죠.
Let's sign the contract tomorrow.

레츠 싸인 더 컨츄렉트 투머로우.

계약을 진행하자고 할 때 쓸 수 있는 표현으로 계약 시간과 장소를 정하는 상황입니다.

대화문 1

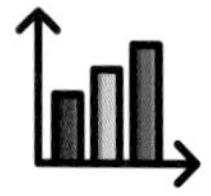

A Let's sign the contract tomorrow.
내일 계약하시죠.

B Great. When and where?
좋습니다. 언제 어디서 할까요?

A Tomorrow 10 a.m. at my office.
내일 오전 10시에 제 사무실에서 하죠.

B Okay. I will be there at 10 a.m. tomorrow.
알겠습니다. 내일 오전 10시에 그곳에 갈게요.

단어
sign a contract 계약하다

대화문 2

A Let's sign the contract tomorrow.
내일 계약하시죠.

B I am not available tomorrow. Can we do it the day after tomorrow?
내일 제가 시간이 안 되는데, 모레 가능하시나요?

A Great. How about 2 p.m. at your office?
좋습니다. 오후 2시에 당신 사무실에서 어때요?

B That works. See you on Wednesday.
가능합니다. 수요일에 뵙겠습니다.

단어
the day after tomorrow 모레

다양한 표현

Let's make the contract next week.
다음 주에 우리 계약을 하죠.

It's the first draft of the contract. Please check the terms and conditions.
이것은 계약서 초안인데, 계약 조건을 확인해 보세요.

I am satisfied with the terms and the conditions.
저는 (계약)조건에 만족합니다.

하는 김에 세부사항에 대해서도 이야기하시죠.

While we are at it, let's talk about the details.

와일 위 얼 엣 잇, 레츠 토크 어바웃 더 디테일즈.

계약조건의 세부사항에 대해 이야기할 때 쓸 수 있는 표현으로 서로의 의견을 말하는 상황입니다.

대화문 1

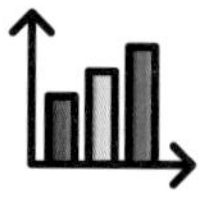

A **While we are at it, let's talk about the details.**
하는 김에 세부사항에 대해서도 이야기하시죠.

B **Okay. Which part do you want to talk about?**
알겠습니다. 어떤 부분에 대해서 이야기하고 싶으세요?

A **I want to talk about the profit model.**
저는 수익 구조에 대해서 이야기하고 싶습니다.

B **What do you think about it?**
어떻게 생각하시는데요?

단어

profit model 수익 구조

대화문 2

A **While we are at it, let's talk about the details.**
하는 김에 세부사항에 대해서도 이야기하시죠.

B **We are going to discuss the details in the next meeting.**
구체적인 사항에 대해서는 다음 회의에서 토론할 겁니다.

A **Can we do it today?**
오늘 할 수는 없나요?

B **We can't. Our chief analyst is away on business.**
할 수 없습니다. 우리 수석 분석가가 출장 중이에요.

단어 chief analyst 수석 분석가

다양한 표현

Now, all we have to do is signing the paper.
이제, 서류에 서명만 하면 됩니다.

Please let me know if there is any problem.
만약에 무슨 문제가 있으면 말씀해주세요.

First, let's revise it as we discussed.
우선 우리가 논의한 대로 이것을 수정하시죠.

저희는 어쩔 수 없이 가격을 올려야 합니다.

We have no choice but to raise the price.

위 해브 노우 초이스 벗 투 뤠이즈 더 프라이스.

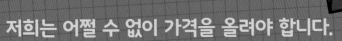

가격에 관해 말할 때 쓸 수 있는 표현으로 가격에 대한 서로의 입장을 이야기 하는 상황입니다.

대화문 1

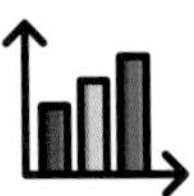

A Sorry, but we have no choice but to raise the price.
죄송한데 저희가 어쩔 수 없이 가격을 올려야 합니다.

B I understand, but I think it happens too frequently.
저도 이해하지만 너무 자주 일어나는 것 같아요.

A There is nothing we can do about it. Please bear with us.
저희도 방법이 없네요. 양해해 주세요.

B Okay. We will think about it.
알겠습니다. 생각해보겠습니다.

단어
raise 올리다 happen 일어나다 frequently 자주
nothing 아무것도 bear with 참다

대화문 2

A **Sorry, but we have no choice but to raise the price.**
죄송한데 저희가 어쩔 수 없이 가격을 올려야 합니다.

B **But we have already set the price last time.**
그렇지만 저번에 이미 가격을 정했잖아요.

A **We are aware of that, but we have no choice because of the recent price rise.**
저희도 알고 있습니다. 하지만 최근에 물가가 상승해서 방법이 없네요.

B **Okay then.**
그럼 알겠습니다.

단어
last time 저번에 aware of ~을 알고 있는
no choice 선택이 없는 price rise 물가 상승

We will send you a new estimate.
우리는 당신에게 새로운 견적을 보내드리겠습니다.

We hope that your company will offer a more reasonable price.
우리는 귀사가 더 합리적인 가격을 제시해주기를 희망합니다.

The estimate your company gave us is a bit high.
귀사에서 주신 견적은 다소 비쌉니다.

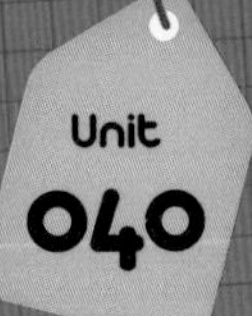

오늘은 여기까지 하겠습니다.
That's it for today.
데츠 잇 폴 투데이.

미팅은 여기까지 하자고 할 때 쓸 수 있는 표현으로 이후의 상황에 대해 서로 묻는 상황입니다.

대화문 1

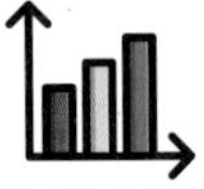

A **That's it for today.**
오늘은 여기까지 하겠습니다.

B **Okay. Good job. Drive safely.**
그래요. 오늘 수고하셨습니다. 조심해서 운전하세요.

A **You too. See you tomorrow.**
당신도요. 내일 봐요.

B **Okay, bye.**
네, 안녕히 가세요.

단어
good job 잘했다 drive 운전하다 safely 안전하게

대화문 2

A **That's it for today.**
오늘은 여기까지 하겠습니다.

B **Really? Time flies.**
정말이요? 시간이 정말 빠르게 가네요.

A **Tell me about it. Where do you go now?**
그러게요. 이제 어디로 가시나요?

B **Go home and rest.**
집에 가서 쉬려고요.

단어 fly 날다, 빠르게 가다

다양한 표현

Let's call it a day.
오늘 일은 여기서 마치죠.

Where are we?
우리가 어디까지 했죠?

Let's continue next time.
다음 시간에 이어서 해요.

복습하기

Unit 021 우선 무엇부터 이야기할까요?
What should we talk about first?
왓 슛 위 토크 어바웃 펄스트?

Unit 022 오늘 일정에 대해 먼저 말씀드리겠습니다.
I will talk about today's schedule first.
아이 윌 토크 어바웃 투데이스 스케쥴 펄스트.

Unit 023 일은 어떠신가요?
How's work going?
하우즈 월크 고잉?

Unit 024 그것에 대해서는 사장님과 상의를 해봐야 할 것 같아요.
About that, I need to talk to my boss.
어바웃 뎃, 아이 니드 투 톡 투 마이 보스.

Unit 025 우리 우선 상황을 보고 다시 말해요.
Let's see how it goes first, and then talk about it.
레츠 씨 하우 잇 고우즈 펄스트, 엔 덴 토크 어바웃 잇.

Unit 026 보내신 메일은 이미 받았어요.
I have already received your email.
아이 해브 올뤠디 뤼씨브드 유얼 이메일.

Unit 027 샘플은 조만간 보내겠습니다.
I will send you the samples soon.
아이 윌 쎈드 유 더 쎔플스 쑨.

Unit 028 그 부분은 영업부에서 협상을 하고 있습니다.
The sales department is negotiating on that.
더 쎄일즈 디팔트먼트 이즈 네고시에이팅 온 뎃.

Unit 029 서로 협력해서 함께 발전합시다.
Let's help each other and grow together.
레츠 핼프 이취 아덜 엔 그로우 투게덜.

Unit 030 다음 미팅은 언제인가요?
When is the next meeting?
웬 이즈 더 넥스트 미팅?

Unit 031 잠깐 쉬었다가 다시 진행하시죠.
Let's take a short break and continue.
레츠 테이크 어 숄트 브레이크 엔 콘티뉴.

Unit 032 우리 서로 양보하죠.
Let's meet halfway.
레츠 밋 해프웨이.

Unit 033 할부로 지불하고 싶습니다.
I'd like to pay in monthly installments.
아이드 라이크 투 페이 인 먼쓸리 인스톨먼츠.

Unit 034 신용장은 개설하셨나요?
Have you opened a letter of credit?
해브 유 오픈드 어 레털 오브 크레딧?

Unit 035 이 결정에 대해서는 제가 전부 책임지겠습니다.
I will take full responsibility for the decision.
아이 윌 테이크 풀 뤼스판서빌리티 폴 더 디씨젼.

Unit 036 계약조건이 무엇인가요?
What are the terms of the contract?
왓 얼 더 텀스 오브 더 컨츄렉트?

Unit 037 내일 계약하시죠.
Let's sign the contract tomorrow.
레츠 싸인 더 컨츄렉트 투머로우.

Unit 038 하는 김에 세부사항에 대해서도 이야기하시죠.
While we are at it, let's talk about the details.
와일 위 얼 엣 잇, 레츠 토크 어바웃 더 디테일즈.

Unit 039 저희는 어쩔 수 없이 가격을 올려야 합니다.
We have no choice but to raise the price.
위 해브 노우 초이스 벗 투 뤠이즈 더 프라이스.

Unit 040 오늘은 여기까지 하겠습니다.
That's it for today.
데츠 잇 폴 투데이.

쉬어가는 페이지

미국의 흔한 결제방식

현금

이제는 현금보다 카드로 계산하는 것이 흔한 사회가 되어버렸습니다. 하지만 비즈니스에서는 아직 현금을 쓰는 경우가 있습니다. 크게 두 가지 이유가 있는데, 첫 번째는 세금을 조금 신고하려고 하는 경우이고 두 번째는 카드로 결제할 때 나오는 수수료가 부담이 되는 경우입니다.

수표

미국의 수표는 우리나라에 없는 결제방식입니다. 미국에서 계좌를 개설하고 예금을 하면 수표를 신청할 수 있습니다. 수표에는 금액을 쓰는 곳이 있는데 금액을 써서 상대방에게 주고 상대방이 그 수표를 은행에 갖다 주면 은행에서 돈을 받게 됩니다. 물론 돈은 수표를 쓴 사람의 계좌에서 나가게 됩니다. 하지만 계좌에 충분한 돈이 없을 수도 있고 수표가 진짜가 아닐 수 있으니 아주 큰돈을 거래할 때는 주의하는 것이 좋습니다. (은행에서 수표를 줄 때는 하나하나 주는 것이 아니라 수표책으로 주기 때문에 필요할 때마다 찢어서 쓸 수 있습니다)

머니오더

수표와 비슷한 개념이지만 머니오더는 선불이므로 계좌 문제로 인해 거래가 취소되는 경우가 없습니다. 하지만 수표처럼 책으로 나오지 않아서 거래를 할 때마다 은행이나 우체국 등에 가서 신청을 해야 합니다.

신용카드

신용카드는 전 세계적으로 가장 많이 쓰이는 지불 방법입니다. 미국에서는 신용이 아주 중요하기 때문에 신용등급이 낮으면 신용카드를 만들 수 없습니다. 그래서 물건을 사거나 서비스를 이용하면 그때그때 값을 지불해서 신용등급을 높여 놓아야 합니다.

온라인

요즘에는 대부분의 거래가 온라인을 통해서 되고 있고 그에 따라 다양한 온라인 지불 서비스가 나오고 있습니다. 다음은 미국에서 사용되는 온라인 지불 서비스입니다.

Authorize.Net – 홈페이지: https://www.authorize.net/
거래당 $0.10 (설치비용: $99, 매달 $20)

PayPal – 홈페이지: https://www.paypal.com/us/home
거래당 2.9% + $0.30

Amazon Payments – 홈페이지: https://pay.amazon.com/
거래당 2.9% + $0.30 ($10거래 이상), 거래당 5.0% + $0.05 ($10거래 이하)

Dwolla – 홈페이지: https://www.dwolla.com/
거래당 $0.25 ($10거래 이상), $10이하 수수료 없음

Due – 홈페이지: https://due.com/
거래당 2.7% (국내외)

Venmo – 홈페이지: https://venmo.com/
거래당 3.0%

Wepay – 홈페이지: https://go.wepay.com/
거래당 3.5% (최대 $0.50)

업무 중

고객과 업무 및 출장과 관련하여 소통을 하는 경우가 많습니다.
업무의 이야기뿐만 아니라 업무 외적인 이야기를 고객과 소통할 수 있기 때문에
기본적인 생활의 대화 패턴에 대해서도 준비가 되어 있어야 합니다.

041 회의 시간이 바뀌었네요.

042 지금 회의 중인데 누구시죠?

043 돌아오면 전화하라고 하겠습니다.

044 이메일 주소 좀 알려주시겠어요?

045 제가 문자 드릴게요.

046 지금 밖인데 사무실에 들어가서 다시 연락드릴게요.

047 오늘까지 마무리 지어야 돼요.

048 혹시 시간되면 도와주실 수 있나요?

049 이 일을 좀 해결해 주셔야 할 것 같아요.

050 이 자료 좀 복사해주실래요?

051 일은 어떠세요?

052 업무 스트레스는 많지만 제 일을 좋아합니다.

053 몇 시에 출근하나요?

054 미국 고객이 많으신가요?

055 자료 준비되었나요?

056 출장은 얼마나 자주 가나요?

057 출장은 어떻게 됐어요?

058 야근은 자주 하시나요?

059 스트레스는 어떻게 푸세요?

060 회식은 주로 어디에서 하시나요?

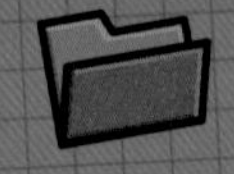

Unit 041

회의 시간이 바뀌었네요.

The meeting time has been changed.

더 미팅 타임 해즈 빈 췌인지드.

회의 시간이 변경되었을 때 사용하는 표현으로 시간 변경에 대해 말할 때의 상황입니다.

대화문 1

A **The meeting time has been changed.**
회의 시간이 바뀌었네요.

B **Yes, we talked about it in the last meeting.**
맞아요, 저번 회의 때 말했었어요.

A **Really? I didn't hear it.**
그래요? 저는 듣지 못했어요.

B **I heard they are going to stick with it.**
이후에도 계속 그렇게 할 거래요.

단어
change 바꾸다 stick with 고수하다

대화문 2

A The meeting time has been changed.
회의 시간이 바뀌었네요.

B Yes, it is 2 p.m. today.
네. 오늘 오후 2시예요.

A Are we going to stick with this time?
이후에도 계속 이 시간인가요?

B No, just this time.
아니요, 이번만이요.

단어 this time 이번

다양한 표현

Was today's meeting cancelled?
오늘 회의 시간이 취소되었나요?

Today's meeting has been postponed for 1 hour.
오늘 회의가 1시간 연기되었습니다.

This week's meeting has been changed to 4:30 p.m.
이번 주 회의가 오후 4시 30분으로 변경되었습니다.

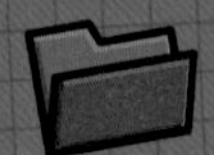

지금 회의 중인데 누구시죠?

I am in a meeting at the moment. Who's calling, please?

아이 엠 인 어 미팅 엣 더 모먼트. 후즈 콜링, 플리즈?

회의 중에 전화가 왔을 때 사용하는 표현으로 자리에 없어서 나중에 연락을 준다고 말하는 상황입니다.

대화문 1

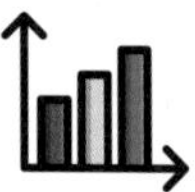

A I am in a meeting at the moment. Who's calling, please?
지금 회의 중인데 누구시죠?

B I am Chul Lee from ABC company.
저는 ABC회사의 이철입니다.

A Hey! director Lee. Can I call you back after the meeting?
이 팀장님, 안녕하세요. 회의가 끝나고 전화 드려도 될까요?

B Okay.
알겠습니다.

단어
at the moment 지금   call back 다시 전화하다

대화문 2

A **I am in a meeting at the moment. Who are you?**
지금 회의 중인데 누구시죠?

B **I am Chul Lee from ABC company. I am looking for director Austen.**
저는 ABC회사의 이철인데, 오스틴 팀장님을 찾습니다.

A **Director Austen is in the meeting now. I will let her know you are here.**
오스틴 팀장님은 지금 회의 중인데, 당신이 여기에 있다고 알려드릴게요.

B **Okay. Thank you.**
알겠습니다. 고맙습니다.

단어 look for 찾다

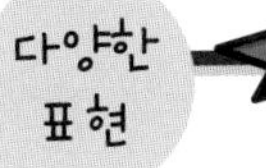

다양한 표현

Who are you looking for?
어떤 분을 찾으세요?

Hello, this is Jane speaking.
안녕하세요, 제인입니다. 전화 받았습니다.

He is not here at the moment. You can leave a message with me.
그가 지금 여기 안 계신데, 저한테 하실 말씀 남기시면 돼요.

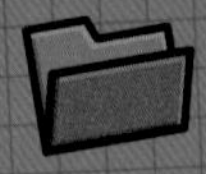

Unit 043

돌아오면 전화하라고 하겠습니다.

I will tell him to call you back when he comes back.

아이 윌 텔 힘 투 콜 유 벡 웬 히 컴스 벡.

찾는 사람이 돌아오면 연락을 준다고 말할 때 쓸 수 있는 표현으로 메시지를 전달하겠다고 이야기하는 상황입니다.

대화문 1

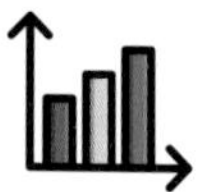

A I will tell him to call you back when he comes back.
돌아오면 연락하라고 하겠습니다.

B When does he come back?
언제 돌아오죠?

A I don't know for sure. Maybe next week.
저도 잘 모르겠어요. 아마도 다음 주일 겁니다.

B Could you tell me his phone number?
저에게 그의 전화번호를 알려주실 수 있나요?

단어
call back 다시 전화하다 phone number 전화번호

대화문 2

A **I will tell him to call you back when he comes back.**
돌아오면 연락하라고 하겠습니다.

B **Okay. I am Jane Austen. I talked to him on the phone a few days ago.**
알겠습니다. 저는 제인 오스틴이고, 며칠 전에 그와 전화했었습니다.

A **I got it. I will tell him that.**
알겠습니다. 그렇게 전달해드리겠습니다.

B **Thank you so much.**
정말 감사합니다.

단어 on the phone 전화로　a few 조금

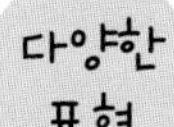

I will tell him that once he comes back.
일단 그가 돌아오면 그에게 전해드릴게요.

I will tell him that as soon as possible.
최대한 빨리 그에게 전해줄게요.

I will tell him you called.
당신이 전화했다고 전해줄게요.

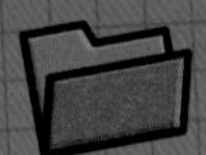

이메일 주소 좀 알려주시겠어요?

Could you tell me your email address?

쿠쥬 텔 미 유얼 이메일 어쥬레스?

이메일 주소를 알려달라고 할 때 쓸 수 있는 표현으로 핸드폰 번호나 이메일 주소를 알려주며 말하는 상황입니다.

대화문 1

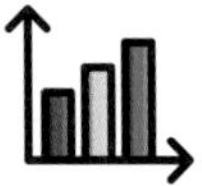

A Could you tell me your email address?
이메일 주소 좀 알려주시겠어요?

B Okay. It's 12345@gmail.com.
알겠습니다. 12345@gmail.com 입니다.

A So, it's 12345@gmail.com?
그러니까, 12345@gmail.com 이라는 거죠?

B That's right. Could you send me an email now?
맞아요. 지금 저에게 메일 하나 보내주실 수 있나요?

단어 email 이메일 address 주소

대화문 2

A Could you tell me your email address?
이메일 주소 좀 알려주시겠어요?

B Okay. I will text you my email address.
알겠습니다. 제가 문자로 이메일 주소 보내드릴게요.

A Great. My phone number is 1386953770.
좋습니다. 제 핸드폰 번호는 1386953770입니다.

B Okay. I just sent it.
알겠습니다. 제가 방금 보냈어요.

단어
text 문자를 보내다

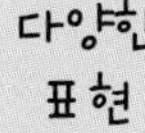

I will add you on whatsapp.
와츠앱에 추가할게요.

Can I add you on whatsapp?
제가 와츠앱에 추가해도 될까요?

Can I add you using the QR code?
제가 QR코드를 사용해서 추가해도 될까요?

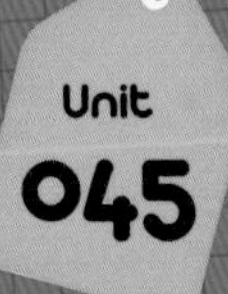

제가 문자 드릴게요.

I will text you.

아이 윌 텍스트 유.

문자를 준다고 할 때 쓸 수 있는 표현으로 전달하는 방식에 대해 말하는 상황입니다.

대화문 1

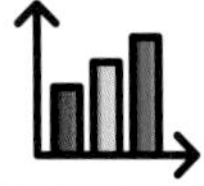

A I will text you.
제가 문자 드릴게요.

B Okay. Can you send it now?
알겠어요. 지금 보내주실 수 있어요?

A Yes, I can. Your phone number is 1356789540, isn't it?
가능합니다. 전화번호가 1356789540, 맞죠?

B Yes.
네.

단어 phone number 전화번호

대화문 2

A **I will text you.**
제가 문자 드릴게요.

B **I can't use my phone now. The battery is dead. Can you send me an email?**
지금 제 핸드폰을 쓸 수가 없어요. 배터리가 다 되었거든요. 이메일을 보내 주실 수 있나요?

A **Okay. I will send you an email now.**
알겠습니다. 지금 이메일 보내드릴게요.

B **Great. I will call you after checking the email.**
좋습니다. 제가 이메일 확인 후 전화 드릴게요.

단어 battery 배터리 dead 죽은, 작동 안 하는

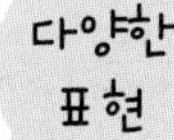

Did you get my text?
제 문자 받으셨나요?

I haven't received your text.
저는 아직 당신의 문자를 받지 못했어요.

I have already received your text.
당신의 문자는 이미 받았어요.

Part 3 업무 중

지금 밖인데 사무실에 들어가서 다시 연락드릴게요.

I am outside. I will get back to you when I get to the office.

아이 엠 아웃사이드. 아이 윌 겟 벡 투 유 웬 아이 겟 투 디 오피스.

다시 연락을 한다고 말할 때 쓸 수 있는 표현으로 시간을 조율하는 상황입니다.

대화문 1

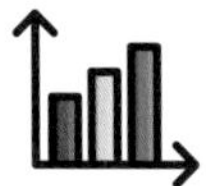

A I am outside. I will get back to you when I get to the office.
지금 밖인데 사무실에 들어가서 다시 연락드릴게요.

B Okay. When can you get to the office?
알겠습니다. 언제 사무실에 들어가실 수 있는데요?

A Around 3 p.m. Would that be okay?
오후 3시 정도요. 괜찮으세요?

B At 3 p.m., I have a meeting. 4 p.m. is okay.
오후 3시에는 제가 회의를 해요. 4시에 괜찮아요.

단어 outside 밖, 밖에   get back to 나중에 다시 연락하다

대화문 2

A I am outside. I will get back to you when I get to the office.
지금 밖인데 사무실에 들어가서 다시 연락드릴게요.

B Okay. Please get back to me as soon as possible. It's urgent.
알겠습니다. 일이 좀 급해서 최대한 빨리 연락주세요.

A I will get to the company at around 5 p.m., so please hold on a minute.
제가 오후 5시 정도에 회사에 들어가니 조금만 기다려주세요.

B Okay.
알겠습니다.

단어
urgent 긴급한 hold on 기다리다, 참다

Let's meet up again next month.
우리 다음 달에 다시 만나요.

I can't answer the phone right now. I will call you back soon.
제가 지금 전화 받을 수가 없네요. 곧 전화 드릴게요.

I will call you back in a minute.
제가 좀 있다가 전화드릴게요.

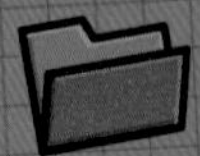

오늘까지 마무리 지어야 돼요.
We have to finish it by today.

위 해브 투 피니쉬 잇 바이 투데이.

어떤 일에 대해서 마무리해야 한다고 말할 때 쓸 수 있는 표현으로 진행 상황에 대해서 대화하는 상황입니다.

대화문 1

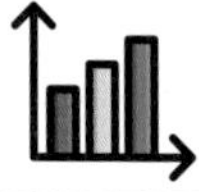

A **We have to finish it by today.**
오늘까지 마무리 지어야 돼요.

B **We can't. We still have too many things to do.**
그럴 수 없습니다. 아직 해야 할 일이 너무 많아요.

A **Then, we have to work overtime tonight.**
그러면 오늘 야근을 해야겠네요.

B **We are too tired. We've already worked overtime for two days.**
이미 이틀을 야근해서 너무 피곤해요.

단어
finish 끝내다 overtime 초과 근무

대화문 2

A We have to finish it by today.

오늘까지 마무리 지어야 돼요.

B We are almost done. No problem.

거의 다 끝났어요. 문제없습니다.

A Amazing. Finally, we are done.

대단하네요. 마침내 끝났어요.

B Yes. Let's have a break after finishing it.

맞아요. 끝내고 난 후에 우리 쉬어요.

단어 amazing 놀라운, 대단한

다양한 표현

You have to meet the deadline for this project.

이번 작업의 마감일은 지켜주셔야 해요.

We must finish it by today.

오늘 꼭 완성해야 돼요.

Next week is the due date, so we have to send it today.

다음 주가 기한이라서 오늘 꼭 보내야 돼요.

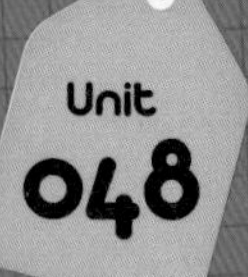

혹시 시간되면 도와주실 수 있나요?

Could you help me out if you are free?

쿠쥬 핼프 미 아웃 이프 유 얼 프리?

도움을 요청할 때 쓸 수 있는 표현으로 어떤 도움이 필요한지에 대해 말하는 상황입니다.

대화문 1

A Could you help me out if you are free?
혹시 시간되면 도와주실 수 있나요?

B Of course. What can I help you with?
당연하죠. 뭘 도와드릴까요?

A Please arrange these files alphabetically.
이 파일들을 알파벳순으로 정렬해주세요.

B Okay. I will be there in a second.
알겠습니다. 곧 갈게요.

단어
arrange 정렬하다 alphabetically 알파벳순으로

대화문 2

A **Could you help me out if you are free?**
혹시 시간되면 도와주실 수 있나요?

B **I have work to do until 3 p.m. I can give you a hand after that.**
제가 오후 3시까지 해야 할 일이 있어요. 그때 이후로 도와드릴 수 있어요.

A **That's all right. Then, could you move this thing to the 2 floor with me at 4 p.m.?**
괜찮아요. 그럼 저와 4시에 이것을 2층으로 옮겨주실 수 있나요?

B **Of course, I could.**
당연히 가능해요.

단어

move 옮기다, 이사하다

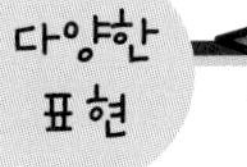

다양한 표현

Could you help me with it?
이 일을 도와주실 수 있어요?

Could you give me a hand if you are free?
시간이 되시면 저를 도와주실 수 있나요?

Please help me if that's okay.
괜찮으시면, 저를 좀 도와주세요.

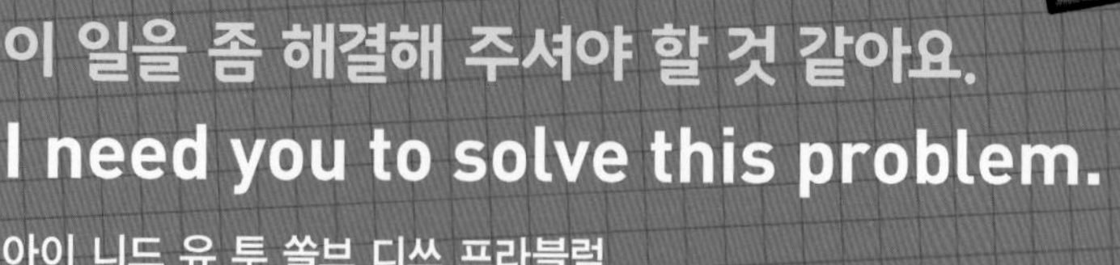

이 일을 좀 해결해 주셔야 할 것 같아요.

I need you to solve this problem.

아이 니드 유 투 쏠브 디쓰 프라블럼.

어떤 일에 대해 해결을 요청할 때 쓸 수 있는 표현으로 언제 가능한지에 대해 말하는 상황입니다.

대화문 1

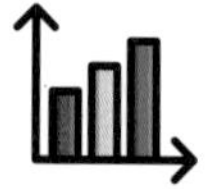

A **I need you to solve this problem.**
이 일을 좀 해결해 주셔야 할 것 같아요.

B **Okay. I will solve it, but I am busy these days.**
알겠습니다. 제가 해결할게요. 근데 요즘 좀 바쁘네요.

A **When can you solve it?**
언제 해결하실 수 있어요?

B **I will deal with it before the end of this week.**
이번 주 내에 처리할게요.

단어
solve 해결하다 deal with 처리하다

대화문 2

A **I need you to solve this problem.**
이 일을 좀 해결해주셔야 할 것 같아요.

B **Okay. I will solve it within a week. Would that be okay?**
알겠습니다. 한 주 내에 해결할게요. 그렇게 해도 괜찮을까요?

A **It's a bit urgent. Please solve it soon. Can you do it tomorrow?**
좀 급해서요. 빨리 해결해주세요. 내일 할 수 있으세요?

B **Okay, I will.**
알겠습니다. 그렇게 하겠습니다.

단어
within ~이내에 urgent 긴급한

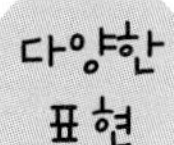

We must solve this issue.
꼭 이 문제를 해결해야 합니다.

I will try my best to solve it.
저는 최대한 이것을 해결할 겁니다.

I will find a way to solve it as soon as possible.
저는 최대한 빨리 이 일을 해결할 방법을 찾을 겁니다.

Unit 050

이 자료 좀 복사해주실래요?

Could you photocopy this material, please?

쿠쥬 포토카피 디쓰 메테리얼, 플리즈?

복사를 부탁할 때 쓸 수 있는 표현으로 어떤 방식으로 도움을 주는지에 대해 말하는 상황입니다.

대화문 1

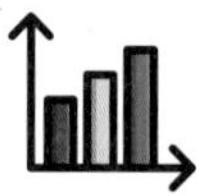

A Could you photocopy this material, please?
이 자료 좀 복사해주실래요?

B Of course. How many copies should I make?
당연하죠. 몇 부 복사해요?

A 5 copies of each page.
장당 5부씩이요.

B Okay. Please wait for a minute.
알겠습니다. 조금만 기다려주세요.

단어 photocopy 복사하다 material 자료 copy 사본 page 장

대화문 2

A **Could you photocopy this material, please?**
이 자료 좀 복사해주실래요?

B **Are you in a hurry? Can I make your copies after finishing this report?**
급하신 건가요? 제가 이 보고서를 끝내고 복사해도 될까요?

A **Of course. No need to hurry. Please let me know when the copies are done.**
물론이죠. 서두를 필요 없습니다. 복사가 되면 저에게 알려주세요.

B **Okay. Your copies will be ready in 30 minutes.**
알겠습니다. 복사는 30분 후에 다 될 것입니다.

단어 in a hurry 서두르는 report 보고서

Could you send me a fax, please?
팩스 좀 보내주시겠어요?

Could you send me an email, please?
저에게 메일을 보내주시겠어요?

Could you submit this paper to my boss?
이 서류를 제 상사에게 제출해주실 수 있나요?

일은 어떠세요?
How's your work?
하우즈 유얼 월크?

하는 일에 적응이 되었는지 말할 때 쓸 수 있는 표현으로 일상적인 부분에 대해 말하는 상황입니다.

대화문 1

A How's your work?
일은 어떠세요?

B Not bad, but I need to learn a lot.
그런대로요. 그런데 배워야 할 것들이 많네요.

A You will be fine once you get used to it.
익숙해지면 괜찮을 거예요.

B That's right. I will work hard.
맞아요. 열심히 일할 거예요.

단어
get used to ~에 익숙해지다

대화문 2

A **How's your work?**
일은 어떠세요?

B **Great, but we have to work long hours.**
좋아요. 다만 일하는 시간이 길어요.

A **Do you often work overtime?**
초과 근무도 자주 해요?

B **Sometimes, not often enough.**
가끔 있지만 그렇게 많지는 않아요.

단어

often enough 매우 빈번하게

다양한 표현

Is your work going well?
일은 순조로우신가요?

How's your work nowadays?
최근에 일은 어떠세요?

What are you busy with these days?
요즘 뭐가 바쁘세요?

Unit 052

업무 스트레스는 많지만 제 일을 좋아합니다.

I am under a lot of stress at work, but I like my job.

아이 엠 언덜 얼랏 오브 스트레스 엣 월크, 벗 아이 라이크 마이 좝.

업무 스트레스에 대해 말하는 표현으로 스트레스에 관련하여 격려를 해주는 상황입니다.

대화문 1

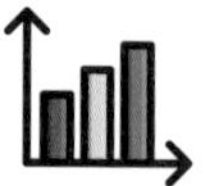

A I am under a lot of stress at work, but I like my job.
업무 스트레스는 많지만 제 일을 좋아합니다.

B Every job is stressful to some extent. You need to adjust to it.
모든 일은 약간의 스트레스가 있어요. 적응해야죠.

A That's right. I am getting used to it.
맞아요. 저는 익숙해지고 있습니다.

B I think you are doing great.
제 생각에는 잘 하고 계세요.

단어
stressful 스트레스가 있는 extent 정도 adjust 적응하다

대화문 2

A **I am under a lot of stress at work, but I like my job.**
업무 스트레스는 많지만 제 일을 좋아합니다.

B **I am sure what you are doing is interesting for you.**
하시는 일이 당신에게 흥미로울 거라고 확신해요.

A **It is interesting, but sometimes it's tiring.**
흥미롭긴 한데 때때로 피곤해요.

B **Cheer up! I am sure you will do great.**
파이팅하세요! 잘 하실 거라고 믿어요.

단어 interesting 흥미로운 tiring 피곤하게 하는 cheer up 힘내

다양한 표현

How do you relieve stress at work?
업무 스트레스를 어떻게 푸세요?

I am so stressed out right now.
저는 지금 스트레스를 너무 많이 받았어요.

I need to get rid of stress.
저는 스트레스를 풀어야겠어요.

Unit 053

몇 시에 출근하나요?

What time do you get to work?

왓 타임 두 유 겟 투 월크?

출퇴근 시간을 물어보는 표현으로 업무에 대해 질문을 주고받는 상황입니다.

대화문 1

A What time do you get to work?
몇 시에 출근하나요?

B I get to work at 9 a.m.
오전 9시에 출근합니다.

A Then, when do you get off work?
그럼 언제 퇴근하죠?

B I get off work at 5 p.m.
저는 오후 5시에 퇴근합니다.

단어
get to work 출근하다 get off work 퇴근하다

대화문 2

A What time do you get to work?
몇 시에 출근하나요?

B I get to work at 8 a.m., but the quitting time is not fixed.
오전 8시에 출근하는데 퇴근 시간은 정해져 있지 않아요.

A Do you often work overtime?
자주 초과 근무하세요?

B Yes. I sometimes work until 8 p.m.
맞아요. 때때로 오후 8시까지 근무해요.

단어
quitting time 퇴근시간

Do you often work late?
자주 야근하시나요? (자주 늦게까지 일하나요?)

How many hours do you work usually?
평소에 몇 시간 일하시나요?

Our company is offering a flexible working arrangement.
우리 회사는 탄력근무제를 제공하고 있습니다.

Part 3 업무 중

미국 고객이 많으신가요?

Do you have many American clients?

두 유 해브 메니 어메리칸 클라이언츠?

미국 고객이 많은지 물어보는 표현으로 그 이유에 대해 설명하는 상황입니다.

대화문 1

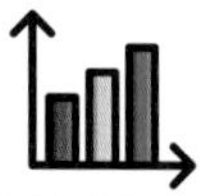

A **Do you have many American clients?**
미국 고객이 많으신가요?

B **We used to have a lot, but we don't have many these days.**
예전에는 많았는데, 요즘은 적어요.

A **Really? Why?**
정말요? 왜요?

B **Maybe, because of the economic recession.**
아마도, 경기 침체 때문일 거예요.

단어
client 고객 economic 경제의 recession 침체

대화문 2

A **Do you have many American clients?**
미국 고객이 많으신가요?

B **Yes, so many American clients. I think we will have more next week.**
네, 매우 많아요. 다음 주에는 더 많아질 것 같아요.

A **Why is that?**
왜 그렇죠?

B **Next week, a world-famous singer is coming to our city.**
다음 주에 세계적으로 유명한 가수가 우리 도시에 오거든요.

단어
world-famous 세계적으로 유명한 singer 가수

Our company has a lot of American clients.
우리 회사는 미국 고객이 많습니다.

Do you meet your clients often?
고객과 자주 만나시나요?

I often go to the US on a business trip.
저는 자주 미국 출장을 갑니다.

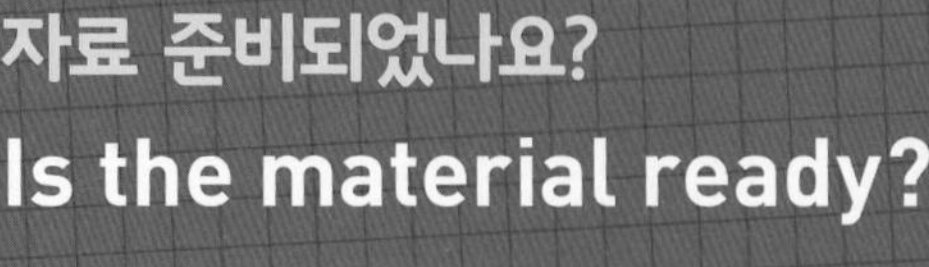

자료 준비되었나요?
Is the material ready?

이즈 더 메테리얼 뤠디?

자료 준비가 잘 되었는지 묻는 표현으로 언제 가능한지와 도움이 필요한지 말하는 상황입니다.

대화문 1

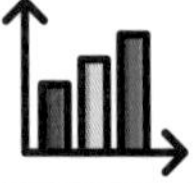

A **Is the material ready?**
자료 준비되었나요?

B **Almost ready.**
거의 다 준비됐습니다.

A **Can you tell me when it will be ready?**
언제 준비가 되는지 알려줄 수 있나요?

B **Probably this evening.**
아마도 오늘 저녁에 될 것입니다.

단어
probably 아마도

대화문 2

A Is the material ready?
자료 준비되었나요?

B Not yet. It has a small problem.
아직이요. 작은 문제가 있어서요.

A Do you need any help?
도움이 필요하신가요?

B Yes, I would appreciate it if you could help me.
네, 도와주실 수 있으면 너무 감사하죠.

단어

appreciate 감사하다

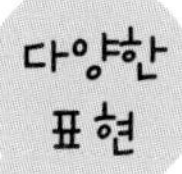

It's not ready yet.
아직 준비가 되지 않았습니다.

The preparation is not going well.
준비가 순조롭지 않습니다.

Are you ready for your business trip to the US?
미국 출장 준비 잘 됐나요?

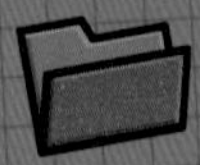

출장은 얼마나 자주 가나요?

How often do you go on a business trip?

하우 옵뜬 두 유 고우 온 어 비즈니스 츄립?

출장은 자주 가는지 물어보는 표현으로 그 빈도에 대해 말하는 상황입니다.

대화문 1

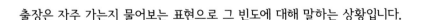

A How often do you go on a business trip?
출장은 얼마나 자주 가나요?

B Normally, once a month.
보통 한 달에 한 번 가요.

A How long is one trip then?
그럼 한 번 가면 얼마나 긴가요?

B About 5 days.
5일 정도요.

단어

normally 보통, 평소에

대화문 2

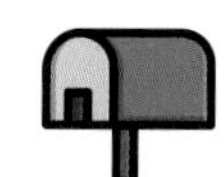

A **How often do you go on a business trip?**
출장은 얼마나 자주 가나요?

B **When I am busy, pretty often. When I am not busy, only once a month.**
바쁠 때는 꽤 자주 가고, 바쁘지 않을 때는 한 달에 한 번만 가요.

A **How about lately?**
최근에는 어떤가요?

B **I am not busy lately, so I go on a business trip only once a month.**
최근에는 바쁘지 않아서 한 달에 한 번이요.

단어
lately 최근에

다양한 표현

Do you often go to the US on a business trip?
미국 출장을 자주 가나요?

Do you want me to go on a business trip to New York on behalf of you?
제가 당신을 대신해서 뉴욕 출장을 가길 원하세요?

Our company has many American clients, so we often go to the US.
저희 회사는 미국 고객이 많아서 자주 미국에 가요.

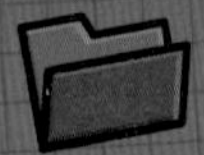

출장은 어떻게 됐어요?

How did the business trip go?

하우 디드 더 비즈니스 츄립 고우?

출장 결과는 어땠는지 물어보는 표현으로 출장 내용에 대해 말하는 상황입니다.

대화문 1

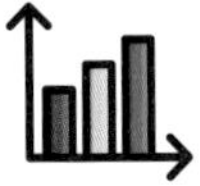

A How did the business trip go?
출장은 어떻게 됐어요?

B They decided to collaborate with us.
그들은 우리와 합작하기로 했어요.

A Really? When do we sign the contract?
정말요? 언제 계약해요?

B If it goes well, next week.
만약에 순조롭다면 다음 주에 해요.

단어 decide 결정하다

대화문 2

A How did the business trip go?
출장은 어떻게 됐어요?

B It didn't go well. We have to wait for their answer.
순조롭지 않았어요. 그들의 대답을 기다려야 해요.

A When will they give an answer?
언제 답을 준대요?

B Next Friday.
다음 주 금요일이요.

단어
give an answer 답하다

What did you get from the business trip?
출장으로 무엇을 얻었나요?

This business trip went well.
이번 출장은 순조로웠어요.

I hope your business trip will be fruitful.
출장 결과가 좋기를 바랍니다.

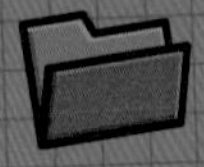

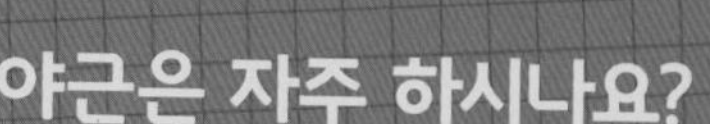

야근은 자주 하시나요?

Do you often work until late at night?

두 유 옵뜬 월크 언틸 레잇 엣 나잇?

야근을 자주하는지 물어보는 표현으로 야근으로 인해 시간이 없다고 말하는 상황입니다.

대화문 1

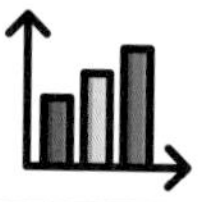

A Do you often work until late at night?
야근은 자주 하시나요?

B Yes. I normally work until late at night three times a week.
네. 보통 일주일에 3번 야근해요.

A It must be tiring.
피곤하겠네요.

B Yes, it is. The working hours are so long, that I don't have enough time to rest.
그렇죠. 일하는 시간이 너무 길어서 충분히 쉴 시간이 없어요.

단어
enough 충분한

대화문 2

A **Do you often work until late at night?**
야근은 자주 하시나요?

B **When I am busy, I have to. These days, I am not that busy.**
바쁠 때는 그렇게 해야 되요. 최근에는 그다지 바쁘지 않아요.

A **Then, let's have dinner with me today.**
그러면 오늘 저랑 같이 저녁 먹어요.

B **That's a great idea.**
좋은 생각이에요.

단어 dinner 저녁

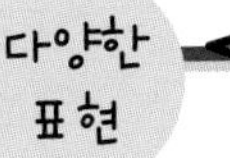

I have to work late again tonight.
오늘 또 야근해야 돼요.

Americans work late 2 days a week.
미국 사람들은 한 주에 두 번 늦게까지 일해요. (야근해요)

Finally, I can leave the office on time.
마침내 정시 퇴근이네요.

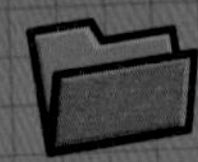

스트레스는 어떻게 푸세요?

How do you relieve stress?

하우 두 유 륄리브 스트레스?

스트레스를 어떻게 푸는지 물어보는 표현으로 그 방법에 대해 말하는 상황입니다.

대화문 1

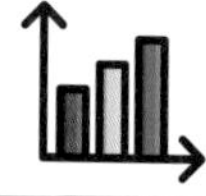

A How do you relieve stress?
스트레스는 어떻게 푸세요?

B Normally, I go hiking or chat with my friends. How about you?
저는 보통 등산을 하거나 친구랑 이야기해요. 당신은요?

A I just sleep.
저는 그냥 자요.

B That's another way to relieve stress.
그것도 하나의 스트레스 해소법이죠.

단어 hiking 등산, 도보여행 chat 대화하다 sleep 자다

대화문 2

A How do you relieve stress?
스트레스는 어떻게 푸세요?

B I don't really know how to relieve stress. How about you?
저는 어떻게 스트레스를 푸는지 잘 몰라요. 당신은요?

A I chat with my friends or work out.
저는 친구들과 이야기를 하거나 운동을 해요.

B Oh! I think I also chat with my friends to manage stress.
오! 저도 친구들과 이야기하는 것으로 스트레스를 관리하는 것 같아요.

단어
work out 운동하다 manage 관리하다

How do you manage stress?
어떻게 스트레스를 관리하시나요?

How do you reduce stress at work?
어떻게 업무 스트레스를 줄이나요?

How do you control your emotions?
감정을 어떻게 컨트롤 하시나요?

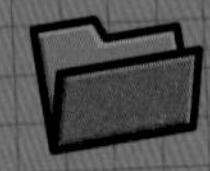

회식은 주로 어디에서 하시나요?
Where do you normally go for a company dinner?

웨얼 두 유 노멀리 고우 폴 어 컴퍼니 디널?

회식은 어디에서 하는지 물어보는 표현으로 회식 장소에 관해 이야기하는 상황입니다.

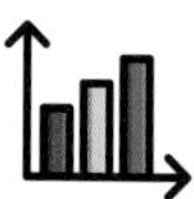

대화문 1

A Where do you normally go for a company dinner?
회식은 주로 어디에서 하시나요?

B We usually go to a Korean barbecue restaurant. How about your company?
우리는 보통 한국 고기집에 가요. 당신 회사는요?

A We go to a chicken restaurant.
저희는 치킨집에 가요.

B A chicken restaurant could be better.
치킨집이 더 좋을 수도 있겠네요.

단어

company dinner (저녁)회식 barbecue 바베큐
chicken 치킨

대화문 2

A Where do you normally go for a company dinner?
회식은 주로 어디에서 하시나요?

B We normally go to a hotel near our company.
보통 우리 회사 근처의 호텔에 가요.

A I see. Our company often has a company get-together at the hotel.
그렇군요. 우리 회사는 자주 그 호텔에서 회사 친목 모임을 가져요.

B Really? I didn't know that.
정말이요? 몰랐어요.

단어 near 가까운 company get-together 회사 친목 모임

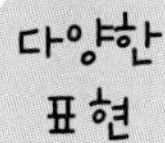

When do we have a company dinner?
우리는 언제 회식하나요?

We had a great time at the company get-together last night.
우리는 어제 회사 친목 모임에서 좋은 시간을 가졌습니다.

We are organizing a company night out.
우리는 회식을 준비하고 있습니다.

복습하기

Unit 041 회의 시간이 바뀌었네요.
The meeting time has been changed.
더 미팅 타임 해즈 빈 췌인지드.

Unit 042 지금 회의 중인데 누구시죠?
I am in a meeting at the moment. Who's calling, please?
아이 엠 인 어 미팅 엣 더 모먼트. 후즈 콜링, 플리즈?

Unit 043 돌아오면 전화하라고 하겠습니다.
I will tell him to call you back when he comes back.
아이 윌 텔 힘 투 콜 유 벡 웬 히 컴스 벡.

Unit 044 이메일 주소 좀 알려주시겠어요?
Could you tell me your email address?
쿠쥬 텔 미 유얼 이메일 어쥬레스?

Unit 045 제가 문자 드릴게요.
I will text you.
아이 윌 텍스트 유.

Unit 046 지금 밖인데 사무실에 들어가서 다시 연락드릴게요.
I am outside. I will get back to you when I get to the office.
아이 엠 아웃사이드. 아이 윌 겟 벡 투 유 웬 아이 겟 투 디 오피스.

Unit 047 오늘까지 마무리 지어야 돼요.
We have to finish it by today.
위 해브 투 피니쉬 잇 바이 투데이.

Unit 048 혹시 시간되면 도와주실 수 있나요?
Could you help me out if you are free?
쿠쥬 핼프 미 아웃 이프 유 얼 프리?

Unit 049 이 일을 좀 해결해 주셔야 할 것 같아요.
I need you to solve this problem.
아이 니드 유 투 쏠브 디쓰 프라블럼.

Unit 050 이 자료 좀 복사해주실래요?
Could you photocopy this material, please?
쿠쥬 포토카피 디쓰 메테리얼, 플리즈?

Unit 051 일은 어떠세요?
How's your work?
하우즈 유얼 월크?

Unit 052 업무 스트레스는 많지만 제 일을 좋아합니다.
I am under a lot of stress at work, but I like my job.
아이 엠 언덜 얼랏 오브 스트레스 엣 월크, 벗 아이 라이크 마이 잡.

Unit 053 몇 시에 출근하나요?
What time do you get to work?
왓 타임 두 유 겟 투 월크?

Unit 054 미국 고객이 많으신가요?
Do you have many American clients?
두 유 해브 메니 어메리칸 클라이언츠?

Unit 055 자료 준비되었나요?
Is the material ready?
이즈 더 메테리얼 뤠디?

Unit 056 출장은 얼마나 자주 가나요?
How often do you go on a business trip?
하우 옵뜬 두 유 고우 온 어 비즈니스 츄립?

Unit 057 출장은 어떻게 됐어요?
How did the business trip go?
하우 디드 더 비즈니스 츄립 고우?

Unit 058 야근은 자주 하시나요?
Do you often work until late at night?
두 유 옵뜬 월크 언틸 레잇 엣 나잇?

Unit 059 스트레스는 어떻게 푸세요?
How do you relieve stress?
하우 두 유 륄리브 스트레스?

Unit 060 회식은 주로 어디에서 하시나요?
Where do you normally go for a company dinner?
웨얼 두 유 노멀리 고우 폴 어 컴퍼니 디널?

중요한 비즈니스 표현 5

Stay on budget

“정해진 예산 안에서 쓰다”라는 뜻입니다. 말 그대로 예산에 머무른다는 의미를 갖고 있습니다. 사업을 할 때 예산을 정하고 예산에 맞게 일을 처리하는 것이 중요합니다. 예산과 관련해서 사용할 수 있는 유용한 표현이니 잘 외워서 사용해보세요.

예) It is important to stay on budget.

- 예산 안에서 쓰는 것은 중요합니다.

Carve out a niche

“한 분야를 개척하다”라는 뜻입니다. niche는 직업, 장소, 지위 등을 나타내는 말이며 carve out은 ‘무엇인가를 노력해서 얻다’, ‘개척하다’ 등의 뜻을 갖고 있습니다.

예) I had to carve out a niche last year.

- 저는 작년에 한 분야를 개척해야 했습니다.

Cut corners

“(절차를 무시하고) 쉬운 길을 가다“라는 뜻입니다. 직사각형의 한 꼭짓점에서 대각선 꼭짓점으로 가려면 다른 모서리를 거쳐야 합니다. 하지만 이 모서리들을 무시(cut)하고 바로 대각선으로 가면 쉽고 빠르게 갈 수 있습니다. 이 표현이 바로 이 모습을 묘사하는 말입니다.

예) You shouldn’t cut corners to earn money.

- 당신은 돈을 벌기 위해 절차를 무시하고 쉬운 길로 가면 안 됩니다.

Go the extra mile

“지나치게 애쓰다“라는 뜻입니다. extra는 ‘추가의’라는 의미를 갖고 있습니다. 구체적으로는 추가 마일을 가지 말라는 뜻이 되지만 추상적으로 필요 이

상으로 노력하는 것을 뜻합니다. 이렇게 영어의 단어와 표현들은 대부분 구체적 의미와 추상적 의미를 함께 갖고 있습니다.

예) He always goes the extra mile to satisfy clients.

- 그는 고객을 만족시키기 위해 항상 지나치게 애를 쓴다.

Get something off the ground

"프로젝트나 사업을 시작하다"라는 뜻입니다. 직역을 하면 무엇을 땅에서 떨어지게 한다는 뜻이지만 의역을 해서 '시작하다'라는 의미가 된 것입니다.

예) I look forward to getting our business off the ground.

- 저는 우리 사업을 시작하는 것을 고대해요.

출장 중

출장 중에 업무 외적인 상황에 직면할 때가 많습니다.
현지에서 대중교통을 이용하는 일, 호텔을 이용하는 등 업무 외적인 부분에서
필요한 표현을 익힐 필요가 있습니다.

061 어떤 항공편 타실 거죠?
062 창가 쪽 자리로 주실 수 있나요?
063 다른 것 더 필요하신 게 있나요?
064 기사님, 트렁크 좀 열어주시겠어요?
065 거기까지 얼마나 걸리나요?
066 영수증 좀 주시겠어요?
067 이 지폐 좀 잔돈으로 바꿔주시겠어요?
068 제가 유심칩을 사려고 하는데요.
069 제 예약에 조식이 포함되나요?
070 방에 와이파이가 되나요?
071 방 카드를 잃어버렸는데 어떡하죠?
072 이 근처에서 제가 어디에 가는 것을 추천하시나요?
073 어디에서 마사지 받을 수 있을까요?
074 제가 짐을 여기에 맡겨도 될까요?
075 체크아웃하려고 합니다. 이것은 제 룸 카드입니다.
076 제가 방을 하루 더 연장해도 될까요?
077 보증금은 환불되었지요?
078 체크아웃할 때 같이 계산할게요.
079 제가 방에 짐을 두고 온 것 같아요.
080 공항까지 갈려면 어떻게 해야 할까요?

어떤 항공편 타실 거죠?

Which flight are you going to take?

위치 플라이트 얼 유 고잉 투 테이크?

항공편을 물어보는 표현으로 항공편과 시간에 대해 말하는 상황입니다.

대화문 1

A Which flight are you going to take?
어떤 항공편 타실 거죠?

B Delta Air Lines.
델타 항공편이요.

A Is it good?
그 항공편 좋아요?

B Yes, it is. It leaves on time, and the service is good.
네, 좋아요. 정시에 이륙하고, 서비스도 좋아요.

단어
flight 항공편　leave 떠나다 (이륙하다)　on time 정시에
service 서비스

대화문 2

A **Which flight are you going to take?**
어떤 항공편 타실 거죠?

B **American Airlines AE3031.**
아메리칸 항공 AE3031편이요.

A **Does it depart at 3 p.m. tomorrow?**
내일 오후 3시에 출발하나요?

B **Yes. It arrives at 5 p.m. Korean time.**
네. 한국 시간으로 오후 5시에 도착해요.

단어
depart 출발하다 Korean time 한국 시간

다양한 표현

Which flight do you use?
어떤 항공편을 이용하시나요?

When can I check in?
언제 체크인할 수 있죠?

Our plane is about to take off.
우리 비행기가 곧 이륙하려고 합니다.

Unit 062

창가 쪽 자리로 주실 수 있나요?

Could you give me a window seat, please?

쿠쥬 깁 미 어 윈도우 씻 플리즈?

원하는 자리로 달라고 이야기하는 표현으로 창가나 복도 쪽 자리를 말할 때 쓸 수 있는 상황입니다.

대화문 1

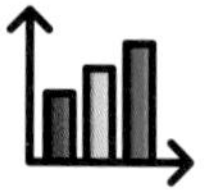

A Could you give me a window seat, please?
창가 쪽 자리로 주실 수 있나요?

B Okay. Are you alone?
알겠습니다. 혼자이신가요?

A Yes.
네.

B I gave you a window seat.
창가 쪽 자리를 드렸습니다.

단어

window seat 창가 쪽 자리 alone 혼자

대화문 2

A Could you give me a window seat, please?
창가 쪽 자리로 주실 수 있나요?

B I am afraid there is no window seat available.
죄송한데, 남은 창가 쪽 자리는 없습니다.

A Okay. Then, please give me an aisle seat.
알겠습니다. 그럼 복도 쪽 자리를 주세요.

B Here is your ticket.
여기 티켓 있습니다.

단어
afraid 염려하는, 유감인 aisle seat 복도 쪽 자리 ticket 티켓

Could you give me an aisle seat, please?
복도 쪽 자리로 주실 수 있나요?

Then, can I get a front seat?
그러면 앞쪽 자리로 받을 수 있나요?

We only have aisle seats left.
복도 쪽 자리만 남았습니다.

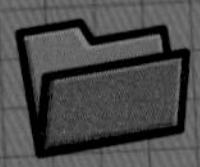

다른 것 더 필요하신 게 있나요?
Do you need anything else?

두 유 니드 에니띵 엘스?

더 필요한 물건이 있는지 물어보는 상황입니다.

대화문 1

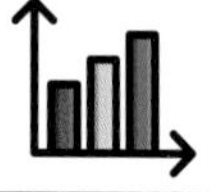

A **Do you need anything else?**
다른 것 더 필요하신 게 있나요?

B **Can I get a glass of ice water, please?**
얼음물 한 잔 주시겠어요?

A **Okay. Just one second. Anything else?**
알겠습니다. 잠시만 기다려주세요. 또 필요하신 것이 있나요?

B **No, thank you.**
없습니다. 감사합니다.

단어
glass 잔 ice water 얼음물 second 초, 아주 잠깐

대화문 2

A **Do you need anything else?**
다른 것 더 필요하신 게 있나요?

B **It's a bit cold here. Can I get a blanket, please?**
여기 좀 추운데, 담요 하나만 주시겠어요?

A **Just a moment. I will get it for you soon.**
잠시만 기다리세요. 곧 갖다 드릴게요.

B **Okay. Thank you.**
알겠습니다. 감사합니다.

단어 cold 추운 blanket 담요

다양한 표현

Could you give me a blanket, please?
담요 한 장 주실 수 있나요?

Is there anything else you need?
또 필요하신 것 있나요?

No, thanks. I don't need it.
괜찮습니다. 필요 없습니다.

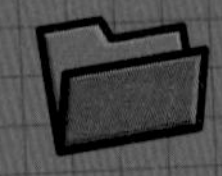

Unit 064

기사님, 트렁크 좀 열어주시겠어요?

Could you open the trunk, please?

쿠쥬 오픈 더 츄렁크 플리즈?

택시에서 트렁크를 열어달라고 말하는 표현으로 짐과 관련하여 이야기를 주고 받는 상황입니다.

대화문 1

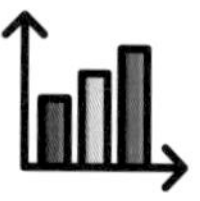

A Could you open the trunk, please?
트렁크 좀 열어주시겠어요?

B Okay. How many bags do you have?
알겠습니다. 짐이 몇 개죠?

A Two bags. They are not big though.
두 개요. 그런데 크지는 않아요.

B Okay. Let me put them into the trunk.
알겠습니다. 트렁크에 넣어 드릴게요.

단어
trunk 트렁크 bag 짐 though ~이긴 하지만 put 넣다

대화문 2

A Could you open the trunk, please?
트렁크 좀 열어주시겠어요?

B Okay. Is your bag heavy? Let me help you.
알겠습니다. 짐이 무겁나요? 제가 도와드릴게요.

A Thank you.
감사합니다.

B No worries. Do you have any other bags?
별말씀을요. 또 다른 짐이 있나요?

단어
heavy 무거운

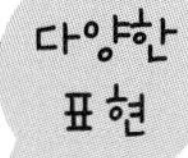

Please put the bag in the overhead bin.
짐을 (여객기) 짐칸에 넣어주세요.

Please open the trunk.
트렁크를 열어주세요.

Can you place your bag up here?
짐을 여기에 올려주시겠어요?

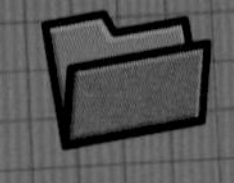

거기까지 얼마나 걸리나요?

How long does it take to get there?

하우 롱 더즈 잇 테이크 투 겟 데얼?

시간이 얼마나 걸리는지 물어보는 표현으로 교통 상황과 관련해서 이야기하는 상황입니다.

대화문 1

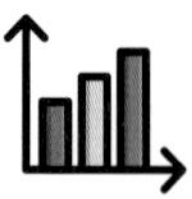

A How long does it take to get there?
거기까지 얼마나 걸리나요?

B If traffic is not heavy, about 30 minutes.
만약에 차가 막히지 않으면 대략 30분 정도요.

A Okay. Is traffic bad now?
알겠습니다. 지금 차가 막히나요?

B A little bit.
조금 막힙니다.

단어 traffic 교통 heavy 무거운 bad 나쁜

대화문 2

A **How long does it take to get there?**
거기까지 얼마나 걸리나요?

B **It's rush hour, so there will be a traffic jam. Probably about an hour.**
혼잡 시간대라서 차가 좀 막힐 겁니다. 대략 1시간 정도요.

A **I see. Could you drive faster? I am in a hurry.**
그렇군요. 더 빨리 운전해 주실 수 있나요? 조금 급해서요.

B **Okay.**
알겠습니다.

단어
rush hour 혼잡 시간대 traffic jam 교통체증 faster 더 빨리

다양한 표현

Let's follow the google map.
구글 지도를 따라가요.

Why is there so much traffic today?
오늘 왜 이렇게 차가 막히죠?

Please take a short cut.
가장 가까운 길로 가주세요.

영수증 좀 주시겠어요?

Can I have a receipt, please?

캔 아이 해브 어 리씻 플리즈?

물건을 사고 영수증을 달라는 표현으로 영수증을 주고받을 때 말하는 상황입니다.

대화문 1

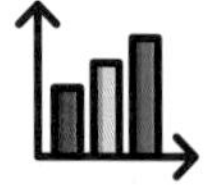

A Can I have a receipt, please?
영수증 좀 주시겠어요?

B Okay. Here it is.
알겠습니다. 여기 있습니다.

A Thank you.
감사합니다.

B You are welcome.
아닙니다.

단어 receipt 영수증

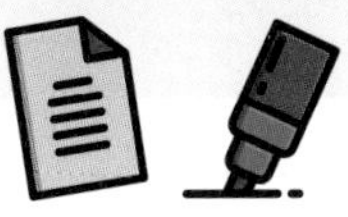

대화문 2

A **Can I have a receipt, please?**
영수증 좀 주시겠어요?

B **You are talking about a cash receipt, right?**
일반 영수증 말씀하시는 거죠?

A **Yes, I need a cash receipt.**
네, 현금 영수증이 필요합니다.

B **Okay. Here it is.**
알겠습니다. 여기 있습니다.

단어

cash receipt 현금 영수증

Can I exchange it without a receipt?
이것을 영수증 없이 교환할 수 있나요?

Please issue a receipt.
영수증을 발행해주세요.

Is a handwritten receipt okay?
수기 영수증은 괜찮나요?

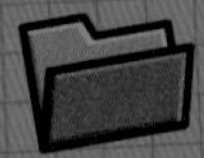

Unit 067

이 지폐 좀 잔돈으로 바꿔주시겠어요?

Can you break this bill, please?

캔 유 브레이크 디쓰 빌, 플리즈?

잔돈을 바꿀 때 쓸 수 있는 표현으로 소액의 물건을 사는데 큰 액수의 지폐만 있을 때의 상황입니다.

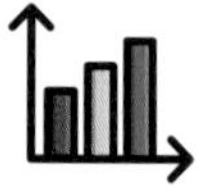

대화문 1

A Can you break this bill, please?
이 지폐 좀 잔돈으로 바꿔주시겠어요?

B Sorry, I don't have any change.
죄송한데, 잔돈이 없네요.

A I will use my card then.
그럼 카드를 쓸게요.

B Okay. Please swipe your card.
알겠습니다. 카드를 긁어 주세요.

단어

break 깨다, 잔돈으로 바꾸다 bill 지폐, 돈 change 잔돈
swipe (카드를) 긁다

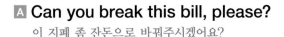

A **Can you break this bill, please?**
이 지폐 좀 잔돈으로 바꿔주시겠어요?

B **Yes, I can. Here.**
네, 바꿀 수 있습니다. 여기 있습니다.

A **You are so kind. Thank you very much.**
정말 친절하시네요. 너무 감사합니다.

B **No problem. Please check the change.**
별말씀을요. 거슬러드린 돈 확인하세요.

단어

kind 친절한

다양한 표현

I am short of coins.
동전이 부족합니다.

Do you have any change?
잔돈 있으세요?

Can you break a hundred?
100달러 거슬러 주실 수 있나요?

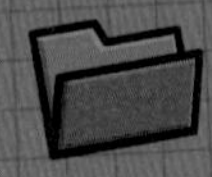

Unit 068

제가 유심칩을 사려고 하는데요.
I'd like to buy a SIM card.

아이드 라이크 투 바이 어 씸 카드.

유심칩을 살 때 사용하는 표현으로 그에 대한 여러 가지 정보에 관해 말하는 상황입니다.

대화문 1

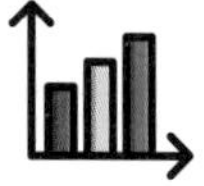

A **I'd like to buy a SIM card.**
제가 유심칩을 사려고 하는데요.

B **We have many options. Please pick one.**
저희에겐 많은 선택권들이 있습니다. 하나 골라 보세요.

A **How much data can I use with this plan?**
이 요금제로 데이터를 얼마나 쓸 수 있죠?

B **It's an unlimited plan.**
이것은 무제한 요금제입니다.

단어
SIM card 유심칩 option 선택권 data 데이터 plan 요금제
unlimited 무제한

대화문 2

A I'd like to buy a SIM card.
제가 유심칩을 사려고 하는데요.

B Okay. Here are our unlimited plans.
알겠습니다. 여기 저희 무제한 요금제가 있습니다.

A What does this plan include?
이 요금제는 무엇을 포함하죠?

B Unlimited data, 100 texts and 100 minute voice calls.
무제한 데이터, 문자 100통 그리고 전화 100분입니다.

단어
include 포함하다　voice call 전화 (음성호출)

다양한 표현

I need more data.
저는 더 많은 데이터가 필요합니다.

I mainly talk and text with my phone.
저는 핸드폰으로 주로 전화하거나 문자를 보내요.

It includes unlimited talk, text and 10GB data.
이것은 무제한 전화, 문자 그리고 10기가바이트의 데이터를 포함합니다.

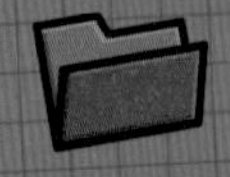

Unit 069

제 예약에 조식이 포함되나요?

Is breakfast included in my reservation?

이즈 브렉퍼스트 인클루디드 인 마이 뤠절베이션?

예약한 숙소에 아침 식사가 포함되는지 물어보는 표현으로, 그에 대한 이야기를 나누는 상황입니다.

대화문 1

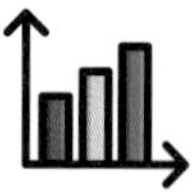

A **Is breakfast included in my reservation?**
제 예약에 조식이 포함되나요?

B **Let me check. Please wait.**
제가 확인할게요. 기다려주세요.

A **Okay. Thanks.**
알겠습니다. 고맙습니다.

B **Yes, it says breakfast is included.**
네, 조식이 포함되어 있다고 하네요.

단어
breakfast 조식, 아침식사 reservation 예약

대화문 2

A Is breakfast included in my reservation?
제 예약에 조식이 포함되나요?

B I just checked. Breakfast is not included.
제가 방금 확인했는데 조식이 포함되지 않았네요.

A How much do you charge for breakfast?
조식이 얼마죠?

B Thirty dollars.
30달러입니다.

단어
charge for ~에 요금을 청구하다 thirty 30

Is breakfast included?
아침 식사 포함인가요?

Can I get a meal ticket please?
식권 주실 수 있나요?

I think I lost my meal ticket. What should I do?
식권을 잃어버린 것 같은데 어떻게 하죠?

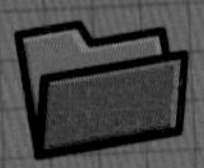

방에 와이파이가 되나요?

Does the room have Wi-Fi?

더즈 더 룸 해브 와이파이?

방에 인터넷이 되는지 물어보는 표현으로 인터넷 접속에 대한 방법을 말하는 상황입니다.

대화문 1

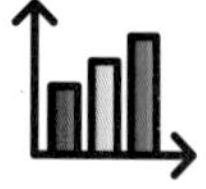

A Does the room have Wi-Fi?
방에 와이파이가 되나요?

B Yes, but you have to pay for it.
네, 하지만 돈을 내야합니다.

A How much does it cost?
비용이 얼마죠?

B 12 dollars.
12달러입니다.

단어
Wi-Fi 와이파이　cost (비용이) 들다

대화문 2

A Does the room have Wi-Fi?
방에 와이파이가 되나요?

B Yes. This is the password for the Wi-Fi.
네. 이것이 와이파이 비밀번호입니다.

A Thank you so much.
정말 감사합니다.

B You are welcome.
천만에요.

단어 password 비밀번호

다양한 표현

Is there a fee for the Internet?
인터넷 비용이 있나요?

The Wi-Fi signal is weak.
와이파이 신호가 좋지 않습니다.

I entered the password, but it doesn't work.
비밀번호를 입력했는데 작동이 안 돼요.

Unit 071

방 카드를 잃어버렸는데 어떡하죠?

I lost my room key. What should I do?

아이 로스트 마이 룸 키. 왓 슛 아이 두?

방 카드를 잃어버렸을 때 쓰는 표현으로 그것을 해결하기 위해 이야기하는 상황입니다.

대화문 1

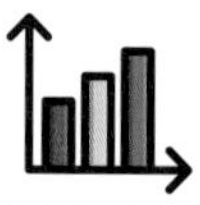

A I lost my room key. What should I do?
방 카드를 잃어버렸는데 어떡하죠?

B Here is an extra room key.
여기 여분의 방 카드가 있습니다.

A Thank you very much.
정말 감사합니다.

B No problem, but please don't lose this one.
아닙니다. 하지만 이건 잃어버리지 마세요.

단어
lose 잃어버리다 room key 방 카드, 방 열쇠 extra 여분의

대화문 2

A **I lost my room key. What should I do?**
방 카드를 잃어버렸는데 어떡하죠?

B **How did you lose it?**
어떻게 잃어버렸는데요?

A **I think I am locked out of my room.**
방에 방 카드를 놔두고 문을 잠근 것 같아요.

B **Okay. We have an extra room key.**
알겠습니다. 저희는 여분의 방 카드가 있습니다.

단어 lock 잠그다

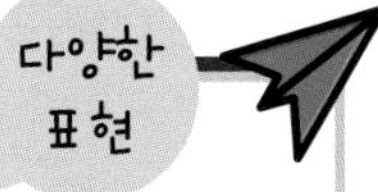

I left my room key in the room.
제 방 카드를 방에 두었어요.

This room key doesn't work. It seems to have a problem.
이 방 카드는 작동하지 않아요. 문제가 있는 것 같아요.

Please give me the room key. Let me try.
방 카드를 저에게 주세요. 제가 해 볼게요.

이 근처에서 제가 어디에 가는 것을 추천하시나요?

Where do you recommend me to go around here?

웨얼 두 유 뤠커멘드 미 투 고우 어롸운드 히얼?

근처에 가볼 만한 곳이 있는지 물어보는 표현으로 갈 만한 장소를 추천해주는 상황입니다.

대화문 1

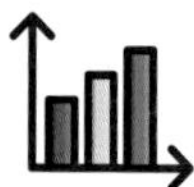

A Where do you recommend me to go around here?
이 근처에서 제가 어디에 가는 것을 추천하시나요?

B There is a department store, but it is too big to look around.
백화점이 하나 있는데 구경하기에 너무 크긴 합니다.

A Is there any other place I can go?
다른데 갈 수 있는 곳이 있나요?

B There is a museum next to the bank.
은행 옆에 박물관이 하나 있습니다.

단어

recommend 추천하다 department store 백화점
museum 박물관

대화문 2

A Where do you recommend me to go around here?
이 근처에서 제가 어디에 가는 것을 추천하시나요?

B There are many great places here. What do you want to do?
여기 근사한 곳들이 많이 있어요. 무엇을 하고 싶으신데요?

A I want to go to a quiet and scenic place.
저는 조용하고 풍경이 아름다운 곳을 가고 싶습니다.

B Then, I recommend you to go to the mountain. The scenery is incredible.
그러면 산에 가 보시는 것을 추천해요. 경치가 믿을 수 없을 만큼 멋져요.

단어
quiet 조용한 scenic 풍경이 좋은 mountain 산
scenery 풍경 incredible 믿을 수 없는

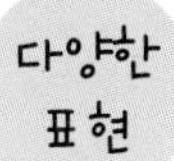

Is there a decent cafe around here?
이 근처에 괜찮은 카페 있나요?

No, there are not many places to go.
아니요. 갈 만한 곳이 별로 없습니다.

There are many tourist attractions in the US.
미국에는 관광 명소가 많습니다.

Part 4 출장 중

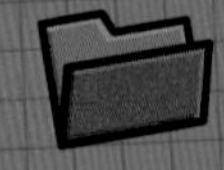

Unit 073

어디에서 마사지 받을 수 있을까요?
Where can I get a massage?

웨얼 캔 아이 겟 어 마싸지?

어디에서 마사지를 받을 수 있는지 물어보는 표현으로 가는 방법을 안내하는 상황입니다.

대화문 1

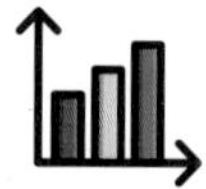

A Where can I get a massage?
어디에서 마사지 받을 수 있을까요?

B There is a great massage shop around here. I recommend you to go there.
이 근처에 좋은 마사지숍이 있어요. 그곳에 가는 걸 추천해요.

A Is it far from here?
여기에서 먼가요?

B It takes about 30 minutes by taxi.
택시 타고 약 30분 정도 걸려요.

단어
massage shop 마사지숍

대화문 2

A **Where can I get a massage?**
어디에서 마사지 받을 수 있을까요?

B **There is a famous massage shop around here.**
이 근처에 유명한 마사지숍이 있어요.

A **Could you tell me how to get there?**
어떻게 가는지 알려주실 수 있나요?

B **If you take a taxi, you can get there in 5 minutes.**
택시를 타면 5분 안에 도착합니다.

단어

famous 유명한

다양한 표현

How much does it cost for a massage?
마사지하는데 비용이 얼마나 드나요?

It hurts. Please do it softly.
좀 아파요. 부드럽게 해주세요.

I want to get a foot massage.
발마사지 받을게요.

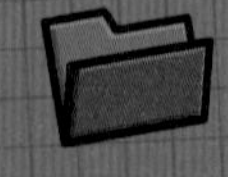

Unit 074

제가 짐을 여기에 맡겨도 될까요?
Can I leave the luggage here?

캔 아이 리브 더 러기지 히얼?

짐을 맡겨도 되는지 물어보는 표현으로, 짐을 맡기는 곳을 알려주거나 짐을 맡길 때 비용이 필요함을 말하는 상황입니다.

대화문 1

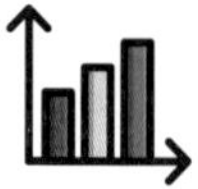

A Can I leave the luggage here?
제가 짐을 여기에 맡겨도 될까요?

B I am sorry. We don't store luggage here.
죄송한데, 저희는 이곳에서 짐을 보관하지 않습니다.

A Do you know where I can store the luggage?
어디에 짐을 보관할 수 있는지 아시나요?

B Go to the second floor and you will see the left luggage facility.
2층으로 가면 짐 보관 시설이 보일 겁니다.

단어

leave 맡기다 luggage 짐 store 보관하다
left luggage facility 짐 보관 시설

대화문 2

A **Can I leave the luggage here?**
제가 짐을 여기에 맡겨도 될까요?

B **Yes, you can. How many pieces of luggage do you want to store here?**
가능합니다. 짐 몇 개를 여기 맡기시고 싶으세요?

A **Two. One is big, and the other is small.**
두 개요. 한 개는 크고, 다른 한 개는 작아요.

B **Okay. In total, forty dollars.**
알겠습니다. 총 40달러입니다.

단어 piece 조각, 부분 forty 40

When are you going to collect it?
언제 가지러 오실 건가요?

Does this airport have a left luggage service?
이 공항은 짐을 맡아주는 서비스가 있나요?

You can store your luggage up to 30 days.
짐은 최대 30일까지 보관할 수 있습니다.

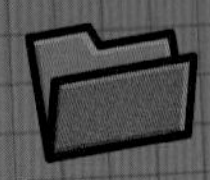

Unit 075

체크아웃하려고 합니다. 이것은 제 룸 카드입니다.

I'd like to check out. This is my room key.

아이드 라이크 투 체크 아웃. 디쓰 이즈 마이 룸 키.

체크아웃할 때 쓸 수 있는 표현으로 체크아웃할 때 필요한 것을 말하는 상황입니다.

대화문 1

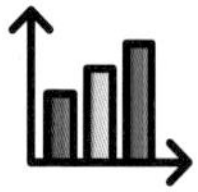

A I'd like to check out. This is my room key.
체크아웃하려고 합니다. 이것은 제 룸 카드입니다.

B Okay. Two hundred fifty dollars in total.
알겠습니다. 총 250달러입니다.

A I will pay with this card.
이 카드로 계산할게요.

B Ok. One second, please.
알겠습니다. 잠시만 기다리세요.

단어
check out 체크아웃하다 hundred 100 fifty 50

대화문 2

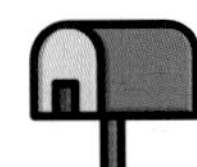

A **I'd like to check out. This is my room key.**
체크아웃하려고 합니다. 이것은 제 룸 카드입니다.

B **You stayed three nights, right?**
3일 묵은 것 맞으시죠?

A **Yes, I did.**
네, 그렇습니다.

B **Okay. Would you like to pay in full?**
알겠습니다. 일시불로 해 드릴까요?

단어
pay in full 일시불로 하다

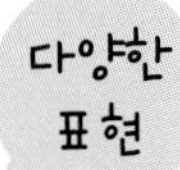

Do you take cash?
현금을 받나요?

I am so sorry. I am a bit late checking out.
정말 죄송합니다. 체크아웃이 조금 늦었네요.

How would you like to pay?
지불은 어떻게 하시겠습니까?

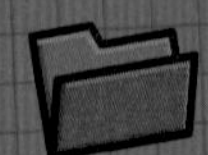

제가 방을 하루 더 연장해도 될까요?

Can I extend my stay for another day, please?

캔 아이 익스텐드 마이 스테이 폴 어나덜 데이 플리즈?

방을 하루 더 연장을 할 수 있는지 물어보는 표현으로 연장할 때 필요한 사항에 관해서 이야기하는 상황입니다.

대화문 1

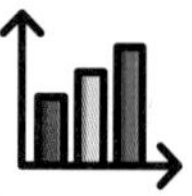

A Can I extend my stay for another day, please?
제가 방을 하루 더 연장해도 될까요?

B I am sorry. The room is already reserved.
죄송하지만, 방이 이미 예약되었습니다.

A Can I move to another room then?
그럼 다른 방으로 옮겨도 될까요?

B One second, please. Yes, you can move to 231.
잠시만 기다리세요. 네, 231호로 옮기실 수 있습니다.

단어
extend 연장하다 another 또 다른 reserve 예약하다

대화문 2

A Can I extend my stay for another day, please?
제가 방을 하루 더 연장해도 될까요?

B Yes, you can. It will be charged the same nightly rate you booked.
가능합니다. 원래 예약하신 숙박 요금대로 주셔야 합니다.

A Okay. That would be great.
알겠습니다. 잘 됐네요.

B You are all set.
(처리) 다 됐어요.

단어
charge 청구하다 nightly rate 숙박 요금 book 예약하다

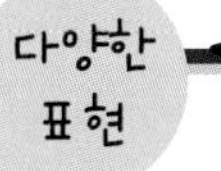

We are planning to stay three nights.
우리는 3박 4일 묵을 계획입니다.

Please contact me if you cancel the reservation.
만약에 예약을 취소하면 저에게 연락주세요.

I'd like to change rooms please.
방을 바꾸고 싶습니다.

Unit 077

보증금은 환불되었지요?

Has the deposit refunded?

해즈 더 디파짓 리펀디드?

보증금이 취소가 되었는지 물어보는 표현으로 처리 과정에 대해 이야기하는 상황입니다.

대화문 1

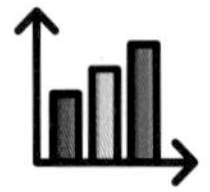

A **Has the deposit refunded?**
보증금은 환불되었지요?

B **Not yet. Do you want to get your deposit back now?**
아직이요. 지금 보증금 돌려받으시겠어요?

A **Yes, please.**
네, 그렇게 해 주세요.

B **Please, wait for 5 minutes.**
5분만 기다리세요.

단어
deposit 보증금 refund 환불하다 get back 돌려받다

대화문 2

A **Has the deposit refunded?**
보증금은 환불되었지요?

B **We are working on it. Please wait.**
처리를 도와드리고 있습니다. 잠시만 기다리세요.

A **How long do I have to wait?**
얼마나 기다려야 하죠?

B **Just a minute.**
바로 됩니다.

단어 work on (해결을 위해) 힘쓰다

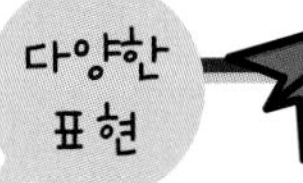

How much is the deposit?
보증금이 얼마죠?

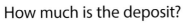

Do I need to pay a deposit to make a reservation?
예약할 때 보증금을 내야 하나요?

I will let you know if I cancel the reservation.
만약에 예약을 취소하면 당신에게 알려드릴게요.

Unit 078

체크아웃할 때 같이 계산할게요.

I will pay all together at check out.

아이 윌 페이 올 투게덜 엣 체크 아웃.

계산을 해달라고 할 때 말하는 표현으로 체크아웃 시 필요한 사항에 대해 말하는 상황입니다.

대화문 1

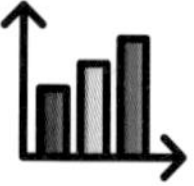

A I will pay all together at check out.
체크아웃할 때 같이 계산할게요.

B What is your room number?
방 번호가 어떻게 되시죠?

A 901.
901호입니다.

B Okay. You are all set.
알겠습니다. 처리되었습니다.

단어
all together 한꺼번에 at check out 체크아웃할 때

대화문 2

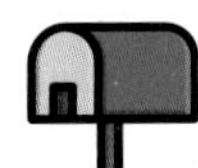

A **I will pay all together at check out.**
체크아웃할 때 같이 계산할게요.

B **I am sorry. You have to pay for it separately.**
죄송하지만, 이것은 따로 지불하셔야 합니다.

A **Okay. How much is it?**
알겠습니다. 얼마죠?

B **100 dollars.**
100달러입니다.

단어

separately 따로

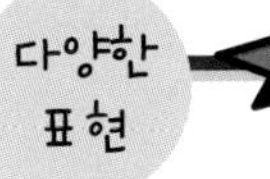

Did you have anything in the mini-bar?
미니바에 있는 것을 드셨나요?

Here is your receipt.
여기 영수증 있습니다.

Do you want to pay by card or in cash?
카드결제인가요 아니면 현금결제인가요?

Unit 079

제가 방에 짐을 두고 온 것 같아요.
I think I left my bag in the room.

아이 띵크 아이 레프트 마이 벡 인 더 룸.

짐을 두고 왔을 때 말하는 표현으로 이를 어떻게 처리해야 하는지 이야기하는 상황입니다.

대화문 1

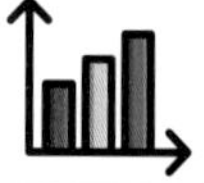

A I think I left my bag in the room.
제가 방에 짐을 두고 온 것 같아요.

B Really? We have to go back.
정말요? 다시 돌아가야겠네요.

A It's too far. I will take a cab to the hotel.
너무 멀어요. 제가 택시 타고 호텔로 갈게요.

B I will go with you.
제가 같이 갈게요.

단어
far 먼 cab 택시

A I think I left my bag in the room.
제가 방에 짐을 두고 온 것 같아요.

B What should we do? Let's go back to the hotel.
그럼 어떡하죠? 우리 호텔로 돌아가요.

A No. Please, wait here. I will be right back.
아니에요. 여기서 기다리세요. 제가 곧 돌아올게요.

B Okay. Take your time. Don't hurry.
알겠어요. 천천히 하세요. 서두르지 마시고요.

단어 be right back 곧바로 돌아오다

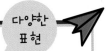

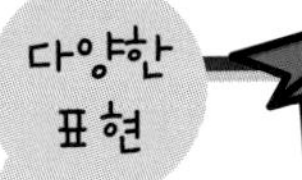

I think I left it in the drawer.
그것을 서랍에 두고 온 것 같습니다.

I will tell the receptionist to keep it until you get there.
제가 접수 담당자에게 당신이 거기 도착할 때까지 그것을 지키라고 할게요.

I think I left my material in the office.
자료를 사무실에 두고 온 것 같습니다.

Part 4 출장 중

Unit 080

공항까지 갈려면 어떻게 해야 할까요?
How do I get to the airport?

하우 두 아이 겟 투 디 에어포트?

공항에 갈 때 교통편을 어떻게 이용해야하는지 물어보는 표현으로 그 방법에 대한 이야기를 나누는 상황입니다.

대화문 1

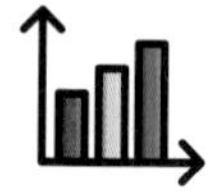

A How do I get to the airport?
공항까지 갈려면 어떻게 해야 할까요?

B If you take a subway, you have to transfer to Airport Railroad at Seoul Station.
지하철을 탄다면, 서울역에서 공항선으로 환승해야 합니다.

A Okay. How about taking a bus?
알겠습니다. 버스를 타는 건 어때요?

B It will be faster. Go straight, and you will see a bus stop. Take a bus there.
더 빨라요. 앞으로 가시면 버스 정류장이 보일 겁니다. 거기에서 타면 돼요.

단어
take 타다 transfer 환승하다 Airport Railroad 공항선
bus stop 버스 정류장

A How do I get to the airport?
공항까지 갈려면 어떻게 해야 할까요?

B What form of transportation do you prefer?
어떤 교통수단을 선호하세요?

A The faster the better.
빠르면 빠를수록 좋아요.

B Taking a bus is the fastest.
버스를 타는 것이 제일 빠릅니다.

단어
transportation 교통수단 prefer 선호하다

다양한 표현

What type of transportation should I use?
어떤 교통수단을 써야 하죠?

How should I get there?
그곳에 어떻게 가죠?

You can just walk there.
그냥 걸어가시면 돼요.

복습하기

Unit 061 어떤 항공편 타실 거죠?
Which flight are you going to take?
위치 플라이트 얼 유 고잉 투 테이크?

Unit 062 창가 쪽 자리로 주실 수 있나요?
Could you give me a window seat, please?
쿠쥬 깁 미 어 윈도우 씻 플리즈?

Unit 063 다른 것 더 필요하신 게 있나요?
Do you need anything else?
두 유 니드 에니띵 엘스?

Unit 064 기사님, 트렁크 좀 열어주시겠어요?
Could you open the trunk, please?
쿠쥬 오픈 더 츄렁크 플리즈?

Unit 065 거기까지 얼마나 걸리나요?
How long does it take to get there?
하우 롱 더즈 잇 테이크 투 겟 데얼?

Unit 066 영수증 좀 주시겠어요?
Can I have a receipt, please?
캔 아이 해브 어 리씻 플리즈?

Unit 067 이 지폐 좀 잔돈으로 바꿔주시겠어요?
Can you break this bill, please?
캔 유 브레이크 디쓰 빌, 플리즈?

Unit 068 제가 유심칩을 사려고 하는데요.
I'd like to buy a SIM card.
아이드 라이크 투 바이 어 씸 카드.

Unit 069 제 예약에 조식이 포함되나요?
Is breakfast included in my reservation?
이즈 브렉퍼스트 인클루디드 인 마이 뤠절베이션?

Unit 070 방에 와이파이가 되나요?
Does the room have Wi-Fi?
더즈 더 룸 해브 와이파이?

Unit 071 방 카드를 잃어버렸는데 어떡하죠?
I lost my room key. What should I do?
아이 로스트 마이 룸 키. 왓 슛 아이 두?

Unit 072 이 근처에서 제가 어디에 가는 것을 추천하시나요?
Where do you recommend me to go around here?
웨얼 두 유 뤠커멘드 미 투 고우 어롸운드 히얼?

Unit 073 어디에서 마사지 받을 수 있을까요?
Where can I get a massage?
웨얼 캔 아이 겟 어 마싸지?

Unit 074 제가 짐을 여기에 맡겨도 될까요?
Can I leave the luggage here?
캔 아이 리브 더 러기지 히얼?

Unit 075 체크아웃하려고 합니다. 이것은 제 룸 카드입니다.
I'd like to check out. This is my room key.
아이드 라이크 투 체크 아웃. 디쓰 이즈 마이 룸 키.

Unit 076 제가 방을 하루 더 연장해도 될까요?
Can I extend my stay for another day, please?
캔 아이 익스텐드 마이 스테이 폴 어나덜 데이 플리즈?

Unit 077 보증금은 환불되었지요?
Has the deposit refunded?
해즈 더 디파짓 리펀디드?

Unit 078 체크아웃할 때 같이 계산할게요.
I will pay all together at check out.
아이 윌 페이 올 투게덜 엣 체크 아웃.

Unit 079 제가 방에 짐을 두고 온 것 같아요.
I think I left my bag in the room.
아이 띵크 아이 레프트 마이 벡 인 더 룸.

Unit 080 공항까지 갈려면 어떻게 해야 할까요?
How do I get to the airport?
하우 두 아이 겟 투 디 에어포트?

대사관 및 비상 연락처

미국에는 총 12개의 한국 영사관이 있습니다. 이 이외에도 괌에 영사관이 있고 워싱턴 D.C에는 대사관이 있습니다. 미국에서 문제가 발생하면 영사관에 연락해서 문제를 해결해야 합니다.

◎ 주 미국 대한민국 대사관

- 주소: 2320 Massachusetts Avenue, NW, Washington, DC 20008
- 전화: (202) 939-5653
- 팩스: (202) 342-1597
- 홈페이지: http://overseas.mofa.go.kr/us-ko/index.do
- 관할구역: 워싱턴 D.C., 메릴랜드, 버지니아, 웨스트버지니아,

◎ 주 앵커리지 대한민국 출장소

- 주소: 800 E. Diamond Blvd. STE 3-695, Anchorage, AK 99515
- 전화: (907) 339-7955
- 팩스: (671) 907-0411
- 홈페이지: http://overseas.mofa.go.kr/us-anchorage-ko/index.do
- 관할구역: 알레스카

◎ 주 애틀랜타 대한민국 총영사관

- 주소: 229 Peachtree Street, Suite 500, International Tower, Atlanta GA 30303
- 전화: (404) 522-1611
- 팩스: (404) 521-3169
- 홈페이지: http://overseas.mofa.go.kr/us-atlanta-ko/index.do
- 관할구역: 앨라배마, 플로리다, 조지아, 노스캐롤라이나, 푸에르토리코, 사우스캐롤라이나, 테네시, 버진 제도

◎ 주 보스턴 대한민국 총영사관

- 주소: One Gateway Center, 2nd Floor, Newton MA 02458
- 전화: (617) 641-2830

■ 팩스: (617) 641-2831
■ 홈페이지: http://overseas.mofa.go.kr/us-boston-ko/index.do
■ 관할구역: 뉴햄프셔, 로드아일랜드, 메인, 매사추세츠, 버몬트

◎ 주 시카고 대한민국 총영사관

■ 주소: NBC Tower, Suite 2700, 455 North City Front Plaza Dr., Chicago IL 60611
■ 전화: (312) 822-9485
■ 팩스: (312) 822-9849
■ 홈페이지: http://overseas.mofa.go.kr/us-chicago-ko/index.do
■ 관할구역: 일리노이, 인디애나, 아이오와, 캔사스, 켄터키, 미시간, 미네소타, 미주리, 네브래스카, 노스다코타, 오하이오, 사우스다코타, 위스콘신

◎ 주 댈러스 대한민국 출장소

■ 주소: 14001 Dallas Parkway, Suite 450, Dallas, TX 75240
■ 전화: (972) 701-0180
■ 팩스: (972) 701-0183
■ 홈페이지: http://overseas.mofa.go.kr/us-dallas-ko/index.do
■ 관할구역: 텍사스 DFW (댈러스, 포트 워스)

◎ 주 하갓냐 대한민국 출장소

■ 주소: 125C Tun Jose Camacho St.,Tamuning, Guam 96913
■ 전화: (671) 647-6488
■ 팩스: (671) 649-1336
■ 홈페이지: http://overseas.mofa.go.kr/us-hagatna-ko/index.do
■ 관할구역: 북 마리아나 제도

대사관 및 비상 연락처

◎ **주 호놀룰루 대한민국 총영사관**

- 주소: 2756 Pali Highway, Honolulu HI 96817
- 전화: (808) 595-6109
- 팩스: (808) 595-3046
- 홈페이지: http://overseas.mofa.go.kr/us-honolulu-ko/index.do
- 관할구역: 아메리칸 사모아, 하와이

◎ **주 휴스턴 대한민국 총영사관**

- 주소: 1990 Post Oak Blvd. #1250, Houston TX 77056
- 전화: (713) 961-0186
- 팩스: (713) 961-3340
- 홈페이지: http://overseas.mofa.go.kr/us-houston-ko/index.do
- 관할구역: 아칸소, 루이지애나, 오클라호마, 미시시피, 텍사스

◎ **주 로스앤젤레스 대한민국 총영사관**

- 주소: 3243 Wilshire Blvd., Los Angeles, CA 90010
- 전화: (213) 385-9300
- 팩스: (213) 385-1849
- 홈페이지: http://overseas.mofa.go.kr/us-losangeles-ko/index.do
- 관할구역: 애리조나, 네바다, 뉴 멕시코, 사우스 캘리포니아

◎ **주 뉴욕 대한민국 총영사관**

- 주소: Main Office: 335 E. 45th St.(4th Fl.), New York, NY 10017
- 전화: (646) 674-6000
- 팩스: (646) 674-6023
- 홈페이지: http://overseas.mofa.go.kr/us-newyork-ko/index.do
- 관할구역: 코네티컷, 델라웨어, 뉴저지, 뉴욕, 펜실베이니아

◎ 주 샌프란시스코 대한민국 총영사관

- 주소: 3500 Clay Street, San Francisco, CA 94118
- 전화: (415) 921-2251
- 팩스: (415) 921-5946
- 홈페이지: http://overseas.mofa.go.kr/us-sanfrancisco-ko/index.do
- 관할구역: 콜로라도, 북부 캘리포니아, 유타, 와이오밍

◎ 주 시애틀 대한민국 총영사관

- 주소: 2033 Sixth Avenue, #1125, Seattle, WA 98121
- 전화: (206) 411-1011
- 팩스: (206) 441-7912
- 홈페이지: http://overseas.mofa.go.kr/us-seattle-ko/index.do
- 관할구역: 아이다 호, 몬태나, 오리건, 워싱턴

식사 중

출장 중에 고객과 식사를 할 경우가 많습니다.
식사 초대에 대한 감사와 다음 식사는 우리가 대접하겠다는 등의 이야기를 할 수 있습니다. 식사를 하면서 그들과 소통을 할 때 필요한 표현들을 정리했습니다.

081 오늘 초대해주셔서 정말 감사합니다.
082 마음껏 드세요.
083 무엇을 마시고 싶으세요?
084 저는 라거를 좋아합니다.
085 한국요리를 좋아한다고 들었습니다.
086 제가 건배 제의를 하겠습니다.
087 마시기 전에 하실 말씀 있으신가요?
088 제가 먹어본 것 중 가장 맛있습니다.
089 다음에 한국에 오시면 제가 식사 대접하겠습니다.
090 더 드세요.
091 충분히 많이 먹었습니다.
092 음식은 입에 맞으시나요?
093 환대해주셔서 정말 감사드립니다.
094 제가 한 잔 드리겠습니다. 항상 돌봐주셔서 감사드립니다.
095 언제든 한국에 오시면 알려주세요.
096 한국에 오시면 제가 기꺼이 가이드 해드릴게요.
097 오늘 정말 좋은 시간 보냈습니다.
098 저도 덕분에 즐거운 시간을 보냈습니다.
099 오늘은 제가 한턱 내겠습니다.
100 이건 저희가 대접할게요.

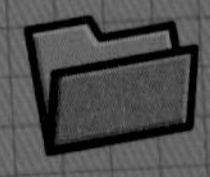

Unit 081

오늘 초대해주셔서 정말 감사합니다.

Thank you so much for having me today.

땡큐 쏘 머취 폴 해빙 미 투데이.

초대에 대한 감사 표시를 할 때 쓸 수 있는 표현으로 다음을 기약하며 이야기 나누는 상황입니다.

대화문 1

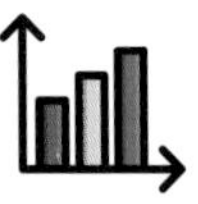

A Thank you so much for having me today.
오늘 초대해주셔서 정말 감사합니다.

B Not at all. I've been wanting to invite you over, but I haven't had a chance.
별말씀을요. 계속 초대하고 싶었는데 기회가 없었네요.

A Your food was incredible.
음식이 믿을 수 없을 만큼 맛있었어요.

B Really? Please come again next time.
정말요? 다음에 꼭 또 오세요.

단어
invite 초대하다

대화문 2

A Thank you so much for having me today.
오늘 초대해주셔서 정말 감사합니다.

B My pleasure. I hope you like the food.
저의 기쁨입니다. 음식을 좋아하셨으면 좋겠어요.

A It's so good. This one is my favorite.
정말 맛있어요. 이게 제일 마음에 드네요.

B Really? That's a traditional Korean food.
정말이요? 그건 전통 한국 음식이에요.

단어
favorite 가장 좋아하는 traditional 전통

Thank you for the invitation.
초대에 감사드립니다.

I am glad you like it.
좋아하신다니 다행이네요.

I could eat this every day.
이거 매일 먹을 수도 있겠어요.

마음껏 드세요.
Please, help yourself.

플리즈 핼프 유얼쎌프.

고객에게 식사 대접을 할 때 쓸 수 있는 표현으로 겸손하게 상대방과 이야기를 하는 상황입니다.

대화문 1

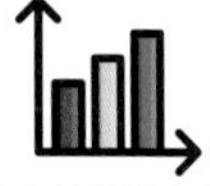

A **Please, help yourself.**
마음껏 드세요.

B **Wow! This is great.**
와! 정말 멋지네요.

A **I hope you like the food.**
음식을 좋아하셨으면 좋겠어요.

B **This is my favorite food.**
이건 제가 제일 좋아하는 음식이에요.

단어 help yourself 마음껏 드세요

대화문 2

A Please, help yourself.
마음껏 드세요.

B Thank you so much for the food.
음식 정말 감사드립니다.

A Would you like something to drink?
마실 것 좀 드릴까요?

B Can I have some coke, please?
콜라 좀 주실 수 있어요?

단어
coke 콜라

다양한 표현

What do you think?
(요리) 어떠세요?

I enjoyed having you over.
와 주셔서 너무 좋았습니다.

Can you stay a little longer?
조금 더 머무르실 수 있나요?

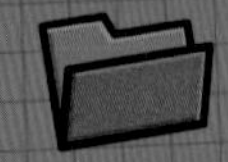

무엇을 마시고 싶으세요?
What do you want to drink?
왓 두 유 원 투 쥬링크?

고객과 술자리가 있을 경우 술을 마실지 물어보는 표현으로 메뉴를 정하는 상황입니다.

대화문 1

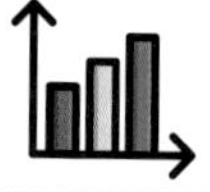

A What do you want to drink?
무엇을 마시고 싶으세요?

B I'd like a jug of light beer.
담색 맥주 한 잔 마실게요.

A Okay. I'll have a bottle of Pale Ale.
알겠습니다. 저는 페일 에일 한 병 마실게요.

B Great choice.
좋은 선택이에요.

단어
jug 큰 잔 light beer 담색 맥주 bottle 병
Pale Ale 페일 에일 (영국 맥주의 한 종류)

대화문 2

A What do you want to drink?
무엇을 마시고 싶으세요?

B Let me think.
생각해 볼게요.

A I recommend you Stout. It's typically 7% to 8% by volume.
스타우트를 추천합니다. 도수가 전형적으로 7%에서 8%입니다.

B Okay. I will drink that.
네. 그거 마실게요.

단어
Stout 스타우트 (영국 맥주의 한 종류)   volume 도수

If you can't drink alcohol, please have some tea.
술을 마시지 못하시면 차를 대신 마시세요.

I normally don't drink alcohol, but I will make an exception today.
저는 평소에 술을 마시지 않는데 오늘은 예외로 하죠.

One can drink too much, but one never drinks enough.
많이 마실 수는 있지만 결코 충분히 마실 수는 없다.

저는 라거를 좋아합니다.
I like Lager.
아이 라이크 라걸.

자신이 좋아하는 술을 말할 때 쓸 수 있는 표현으로 메뉴를 선택하면서 이야기 나누는 상황입니다.

대화문 1

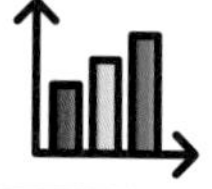

A **I like Lager. How about you?**
저는 라거를 좋아하는데, 당신은요?

B **I also like Lager.**
저도 라거를 좋아해요.

A **Then, let's have some Lager today.**
그럼 오늘 같이 라거 마셔요.

B **Okay.**
알겠습니다.

단어
Lager 라거 (거품이 많이 나는 연한 색의 맥주)

대화문 2

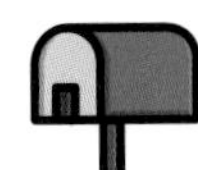

A **I like Lager. How about you?**
저는 라거를 좋아하는데, 당신은요?

B **I also like Lager, but I prefer red wine. It's very tasty.**
저도 라거를 좋아하는데 레드 와인을 더 좋아해요. 정말 맛있거든요.

A **Have you tried light beer?**
담백 맥주를 마셔본 적이 있나요?

B **A couple of times.**
몇 번 마셔봤어요.

단어
red wine 레드 와인 a couple of times 몇 번

다양한 표현

How much do you usually drink?
당신의 주량은 어떻게 되나요?

You are a heavy drinker. What's your limit?
술고래시군요. 주량(한계)이 얼마예요?

Everyone knows Koreans drink like a fish.
한국인이 술고래인 것은 모두가 알아요.

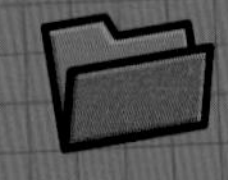

Unit 085

한국요리를 좋아한다고 들었습니다.
I heard you like Korean dishes.

아이 헐드 유 라이크 코뤼언 디쉬스.

누군가가 무엇을 좋아한다는 것을 들었다고 말할 때 쓸 수 있는 표현으로 요리에 대해 이야기하는 상황입니다.

대화문 1

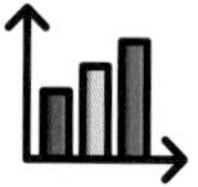

A I heard you like Korean dishes.
한국요리를 좋아한다고 들었습니다.

B Yes. I love Korean dishes.
맞아요. 한국요리를 정말 좋아해요.

A What is your favorite?
가장 좋아하는 것이 뭐예요?

B Doenjang-jjigae.
된장찌개요.

단어 dish 요리　Doenjang-jjigae 된장찌개

대화문 2

A **I heard you like Korean dishes.**
한국요리를 좋아한다고 들었습니다.

B **Yes. My favorite Korean dish is Doenjang-jjigae.**
맞아요. 제가 가장 좋아하는 한국요리는 된장찌개예요.

A **Other than Doenjang-jjigae, what do you like?**
된장찌개를 제외하고 또 뭐 좋아해요?

B **Kimchi-jjigae and Bulgogi.**
김치찌개랑 불고기요.

단어
other than ~을 제외하고 Kimchi-jjigae 김치찌개
Bulgogi 불고기

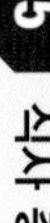

식사 중

Are you picky about food?
가리는 음식이 있으신가요?

I am a vegetarian.
저는 채식주의자입니다.

I eat all kinds of food.
저는 뭐든 잘 먹습니다.

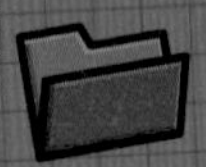

제가 건배 제의를 하겠습니다.

I'd like to make a toast.

아이드 라이크 투 메이크 어 토스트.

건배 제의를 할 때 쓸 수 있는 표현으로 고객사와 앞으로 잘해보자고 의기투합을 하는 상황입니다.

대화문 1

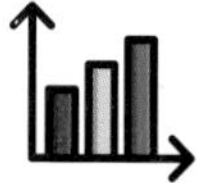

A I'd like to make a toast. I'd like to congratulate us on our future success.
제가 건배 제의를 하겠습니다. 우리 미래의 성공을 위해 축하하고 싶습니다.

B Great!
좋아요!

A Cheers!
건배!

B Cheers!
건배!

단어 toast 건배의 인사 congratulate 축하하다 cheers 건배

대화문 2

A **I'd like to make a toast. I am just going to say one thing.**
제가 건배 제의를 하겠습니다. 그냥 하나만 말하겠습니다.

B **What do we drink to?**
뭘 위해 마시는 거예요?

A **To victory!**
승리를 위하여!

B **To victory!**
승리를 위하여!

단어
victory 승리

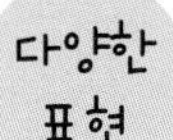

Can everyone raise your glasses?
Let's make a toast.
모두 잔을 들어주시겠어요? 건배합시다.

I'd like to make a toast to our cooperation.
우리의 합작을 위해 건배를 제의하겠습니다.

Bottoms up.
원샷 하세요.

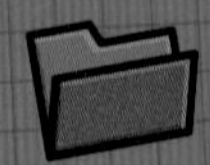

Unit 087

마시기 전에 하실 말씀 있으신가요?

Is there anything you want to say before we drink?

이즈 데얼 에니띵 유 원 투 쎄이 비폴 위 쥬링크?

건배를 제의할 때 쓸 수 있는 표현으로 고객사와 앞으로 잘해보자고 의기투합을 하는 상황입니다.

대화문 1

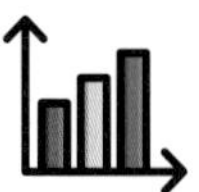

A Is there anything you want to say before we drink?
마시기 전에 하실 말씀 있으신가요?

B Yes. I'd like to make a toast.
네. 건배 인사를 하고 싶네요.

A Great! Go ahead.
좋아요! 해 보세요.

B May we work and live happy.
우리가 행복한 모습으로 일하고 살아가길 기원합니다.

단어
go ahead 해 보세요

대화문 2

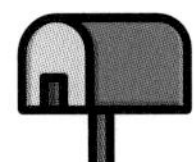

A **Is there anything you want to say before we drink?**
마시기 전에 하실 말씀 있으신가요?

B **Let me think. Do you want to go first?**
생각해 볼게요. 먼저 하시겠어요?

A **I am so happy to be a part of this cooperation. We deserve to prosper. Cheers!**
이 합작에 함께 한다는 것에 대해 아주 기쁩니다. 우리는 번창할 자격이 있습니다. 건배!

B **Cheers!**
건배!

단어 deserve ~을 받을 자격이 있다 prosper 번창하다

Cheers to health and happiness!
건강과 행복을 위해 건배!

Cheers to our future!
우리의 미래를 위해 건배!

I hope our cooperation will be prosperous.
저는 우리의 합작이 성공적이길 희망합니다.

Unit 088

제가 먹어본 것 중 가장 맛있습니다.
It is the most delicious food I've ever had.

잇 이즈 더 모스트 딜리셔스 풋 아이브 에벌 해드.

맛있다고 말할 때 쓸 수 있는 표현으로 다음에 또 기회를 만들자고 이야기하는 상황입니다.

대화문 1

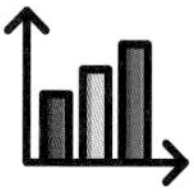

A **It is the most delicious food I've ever had.**
제가 먹어본 것 중 가장 맛있습니다.

B **It is? I didn't expect you to like it so much.**
그래요? 그렇게 좋아하실 거라고 생각하지 못했어요.

A **We should come again.**
다음에 꼭 또 와요.

B **Of course. We should.**
당연하죠. 꼭 그래야 돼요.

단어
delicious 맛있는 expect 기대하다

대화문 2

A **It is the most delicious food I've ever had.**
제가 먹어본 것 중 가장 맛있습니다.

B **It is? Anything else you want to try?**
그래요? 또 먹고 싶은 것이 있나요?

A **I want to try Korean food.**
한국 음식 먹어보고 싶네요.

B **Okay. Next time, I will take you to a Korean restaurant.**
알겠습니다. 다음에는 한국 음식점으로 데리고 갈게요.

단어
try 먹어보다　take 데리고 가다

다양한 표현

I am allergic to avocados.
저는 아보카도에 알레르기가 있습니다.

Eat as much as you want.
원하는 만큼 드세요.

You are blessed with things to eat!
정말 먹을 복이 있군요!

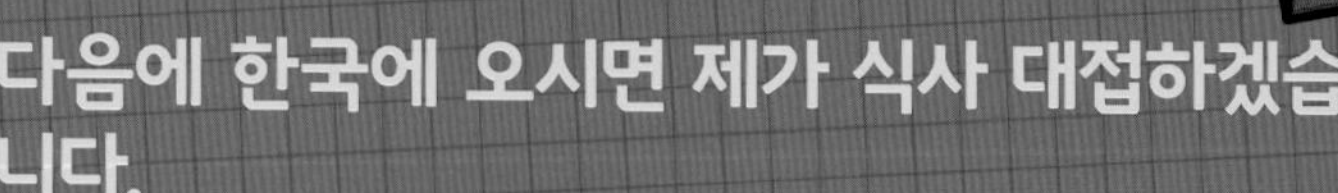

다음에 한국에 오시면 제가 식사 대접하겠습니다.

Next time you come to Korea, I will treat you to a meal.

넥스트 타임 유 컴 투 코뤼아, 아이 윌 츄릿 유 투 어 밀.

향후에 다시 만나면 식사 대접을 한다고 말하는 표현으로 좋아하는 요리에 대해 이야기하는 상황입니다.

대화문 1

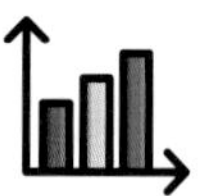

A **Next time you come to Korea, I will treat you to a meal.**
다음에 한국에 오시면 제가 식사 대접하겠습니다.

B **Okay. I like to eat Korean food.**
알겠습니다. 저는 한국 음식을 좋아합니다.

A **What's your favorite?**
가장 좋아하는 것은 무엇이죠?

B **Samgyeopsal.**
삼겹살입니다.

단어
treat 대접하다 Samgyeopsal 삼겹살

대화문 2

A **Next time you come to Korea, I will treat you to a meal.**
다음에 한국에 오시면 제가 식사 대접하겠습니다.

B **That would be great. I will think about what to eat.**
그러면 좋죠. 무엇을 먹을지 생각해볼게요.

A **Oh! I know this really good hole in the wall.**
오! 저 정말 좋은 맛집 알아요.

B **Great! Let's go there next time.**
좋아요! 다음에 거기 가요.

단어 hole in the wall 맛집

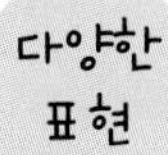

Take care.
몸조리 잘하세요.

Next time you come to Korea, please contact me.
다음에 한국에 오시면 저에게 연락주세요.

I will say goodbye here. See you in Korea next time.
저는 여기서 이만 가보겠습니다. 다음에 한국에서 뵐게요.

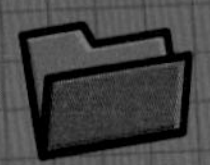

더 드세요.
Please have some more.
플리즈 해브 썸 모얼.

더 드시라고 말할 때 쓸 수 있는 표현으로 요리를 앞에 두고 이야기 나누는 상황입니다.

대화문 1

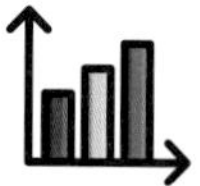

A **Please have some more.**
더 드세요.

B **I've had enough. I am full.**
이미 많이 먹었어요. 배불러요.

A **This is incredible. You should try this.**
이건 믿을 수 없을 정도로 맛있어요. 한 번 드셔보세요.

B **Okay. Just one bite.**
알겠어요. 한 입만 먹을게요.

단어 full 배부른 bite 한 입

대화문 2

A **Please have some more.**
더 드세요.

B **Okay. This food is very delicious.**
알겠습니다. 이 요리는 정말 맛있어요.

A **I will cook it again next time.**
다음에 또 요리해드릴게요.

B **Awesome.**
너무 좋죠.

단어
awesome 엄청난, 너무 좋은

다양한 표현

Enjoy your meal.
맛있게 드세요.

Take your time eating.
천천히 드세요.

Why aren't you eating? Please have some more.
왜 안 드세요? 더 드세요.

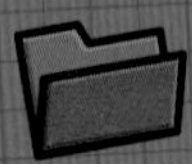

충분히 많이 먹었습니다.
I've had enough.
아이브 해드 이너프.

잘 먹었다고 말할 때 쓸 수 있는 표현으로 식사를 하면서 이야기를 나누는 상황입니다.

대화문 1

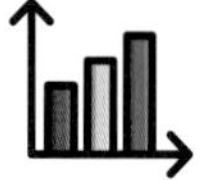

A I've had enough.
저는 충분히 많이 먹었습니다.

B I know. Was it good?
알아요. 맛있었어요?

A Amazing. What is this?
놀라웠어요. 이건 뭐죠?

B It's a dessert.
후식이에요.

단어
dessert 후식

대화문 2

A **I've had enough.**
저는 충분히 많이 먹었습니다.

B **I've never seen you eating this much for a while.**
이렇게 많이 드시는 것을 한동안 보지 못했어요.

A **Yes. It is the best food I've had in a while.**
맞아요, 한동안 먹어본 음식 중 최고입니다.

B **Do you think it's enough?**
충분한 것 같아요?

단어
for a while 한동안

다양한 표현

I can't eat anymore.
더 이상 못 먹겠네요.

I am already full/stuffed.
저는 이미 배불러요.

I've had plenty.
저는 많이 먹었습니다.

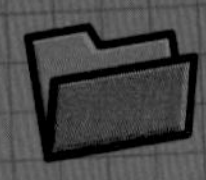

음식은 입에 맞으시나요?

Is it right for you?

이즈 잇 롸잇 폴 유?

음식이 입에 맞는지에 대해 이야기하는 상황입니다.

대화문 1

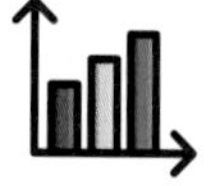

A Is it right for you?
음식은 입에 맞으시나요?

B It's so good. It's perfect for me.
매우 맛있어요. 저한테 딱 맞아요.

A Great. Please have some more.
잘됐네요. 더 드세요.

B Okay. Thank you so much.
알겠습니다. 정말 고맙습니다.

단어

right (입에) 맞다 perfect 완벽한, 딱 맞는

대화문 2

A Is it right for you?
음식은 입에 맞으시나요?

B Yes, it suits my taste. I didn't know you were good at cooking.
네, 제 입맛에 맞아요. 요리를 잘 하시는 줄 몰랐어요.

A I've learned how to cook Korean dishes.
저는 어떻게 한국 요리를 하는지 배웠어요.

B You did? That's surprising.
그래요? 놀랍네요.

단어
suit 맞다   taste 맛, 입맛

다양한 표현

Is this dish right for you?
이 요리가 입맛에 맞으시나요?

I am glad today's dish suits your taste.
오늘 요리가 맞으시다니 다행이에요.

I am sure today's dish is to your taste.
오늘 요리가 입맛에 맞으실 거예요.

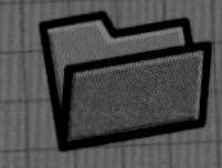

환대해주셔서 정말 감사드립니다.

Thank you for welcoming me.

땡큐 폴 웰커밍 미.

환대에 대해 감사 표시를 하는 표현으로 음식에 대해 말하는 상황입니다.

대화문 1

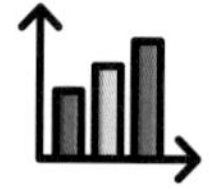

A **Thank you for welcoming me.**
환대해주셔서 정말 감사드립니다.

B **Don't mention it. I am glad the food was right for you.**
별말씀을요. 음식이 맞으셔서 다행이에요.

A **I really liked it. I've had plenty today.**
너무 좋았어요. 오늘 정말 많이 먹었어요.

B **Yeah, we all have.**
네, 우리 모두 그래요.

단어
plenty 풍부한, 충분히

대화문 2

A Thank you for welcoming me.
환대해주셔서 정말 감사드립니다.

B If you liked it so much, I will cook it again next time.
그렇게 좋으셨다면 다음에 또 요리해드릴게요.

A That would be great. Please teach me how to cook it next time.
너무 좋죠. 다음에는 어떻게 요리하는지 알려주세요.

B I can do that.
그렇게 해 드릴 수 있어요.

단어
cook 요리하다　teach 가르치다

Thank you for the warm welcome.
열정적인 환대에 감사드립니다.

Let's get together again sometime soon.
언제 곧 다시 모여요.

Again, thank you all for your great hospitality.
다시 한 번 모든 분들의 큰 환대에 매우 감사드립니다.

제가 한 잔 드리겠습니다. 항상 돌봐주셔서 감사드립니다.

Let me pour you a drink. Thank you for your constant consideration.

렛 미 푸얼 유 어 쥬링크. 땡큐 폴 유얼 컨스턴트 컨씨더레이션.

상대방에게 잔을 올릴 때 쓸 수 있는 표현으로 그동안 돌봐줌에 감사 표시를 하는 상황입니다.

대화문 1

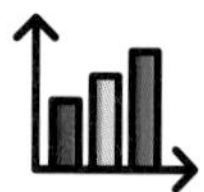

A Let me pour you a drink. Thank you for your constant consideration.
제가 한 잔 드리겠습니다. 항상 돌봐주셔서 감사드립니다.

B Thank you. No worries. I also appreciate your contribution to our company.
감사합니다. 별말씀을요. 저 또한 당신의 회사에 대한 공헌에 감사드립니다.

A I am trying my best. You can count on me.
저는 최선을 다하고 있습니다. 저를 믿으셔도 됩니다.

B Of course. Let's work hard together.
물론이죠. 우리 같이 열심히 일해요.

단어 contribution 공헌 count on 믿다

대화문 2

A Let me pour you a drink. Thank you for your constant consideration.
제가 한 잔 드리겠습니다. 항상 돌봐주셔서 감사드립니다.

B Don't mention it. I am just doing what I have to do. It's my duty.
별말씀을요. 당연히 해야 할 일을 하고 있는 거예요. 저의 의무입니다.

A If you need any help, please let me know.
도움이 필요하시면 언제든지 저를 부르세요.

B Okay. You've already helped me a lot though.
네. 그런데 이미 많이 도와주셨어요.

단어
duty 의무

I'd like to express my gratitude to all those who helped me.
저를 도와주신 모든 분들께 감사드립니다.

Thank you for giving me a chance.
저에게 기회를 주셔서 감사합니다.

Thank you so much for your constant support.
줄곧 저를 지지해주셔서 정말 감사합니다.

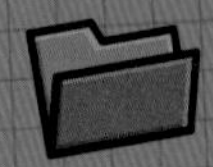

Unit 095

언제든 한국에 오시면 알려주세요.

If you come to Korea, please let me know anytime.

이프 유 컴 투 코뤼아, 플리즈 렛 미 노우 에니타임.

한국에 오면 연락을 달라는 표현으로 다음을 기약하며 이야기하는 상황입니다.

대화문 1

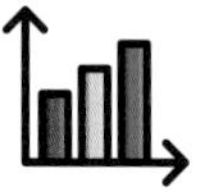

A If you come to Korea, please let me know anytime.
언제든 한국에 오시면 알려주세요.

B Okay. I will.
알겠습니다. 꼭 그럴게요.

A Is your flight tomorrow?
내일 비행기인가요?

B Yes, tomorrow 11 a.m.
맞아요. 내일 오전 11시입니다.

단어
anytime 언제든지

대화문 2

A If you come to Korea, please let me know anytime.
언제든 한국에 오시면 알려주세요.

B Okay. Thank you for having me over. I had a lot of fun.
알겠습니다. 초대해 주셔서 감사드려요. 즐거웠습니다.

A The time was too short this time. Next time, I will prepare better.
이번에는 시간이 너무 짧았는데, 다음에는 더 잘 준비할게요.

B When you come to the US, please let me know.
미국에 오시면, 저에게 꼭 알려주세요.

단어
prepare 준비하다

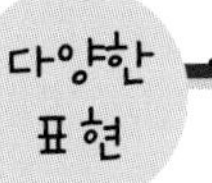

If you have time, please come to Korea.
시간이 되시면 한국에 오세요.

Thank you again for your warm welcome.
따뜻하게 환영해 주셔서 다시 한번 감사드립니다.

When you come to Korea, please let me know in advance.
한국에 오실 때 미리 저한테 알려주세요.

한국에 오시면 제가 기꺼이 가이드 해드릴게요.

When you come to Korea, I will be happy to be a guide for you.

웬 유 컴 투 코뤼아, 아이 윌 비 해피 투 비 어 가이드 폴 유.

한국에 오면 직접 가이드 해준다고 할 때 쓸 수 있는 표현으로 시간이 되면 와서 연락을 달라고 말하는 상황입니다.

대화문 1

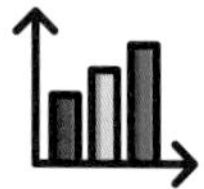

A When you come to Korea, I will be happy to be a guide for you.
한국에 오시면 제가 기꺼이 가이드 해드릴게요.

B That would be great. I really liked it here in Korea.
그럼 좋죠. 여기 한국에 와서 너무 좋았습니다.

A Please come again when you have time.
언제 시간이 되시면 다시 오세요.

B Maybe, I will come back next month.
아마도 다음 달에 다시 올 것 같아요.

단어
guide 가이드

대화문 2

A **When you come to Korea, I will be happy to be a guide for you.**
한국에 오시면 제가 기꺼이 가이드 해드릴게요.

B **Thank you. If you come to the US, I will be a guide for you.**
고맙습니다. 언제 미국에 오시면 저도 가이드 해드릴게요.

A **You will? That's great. I am planning to go to the US next month.**
그래요? 너무 좋죠. 저는 다음 달에 미국에 가는 것을 계획하고 있어요.

B **Please contact me when you come.**
오실 때 꼭 저한테 연락주세요.

단어

plan 계획하다

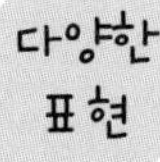

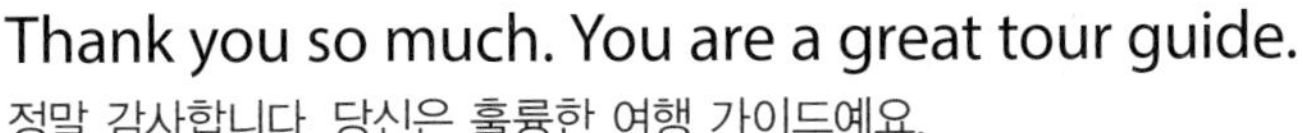

Thank you so much. You are a great tour guide.
정말 감사합니다. 당신은 훌륭한 여행 가이드예요.

I hope I won't take up too much of your time.
저 때문에 시간을 너무 많이 뺏기지 않으셨으면 좋겠어요.

If you stay longer, I can take you to scenic attractions.
더 오래 머무시면, 제가 경치 좋은 곳으로 모시고 갈 수 있어요.

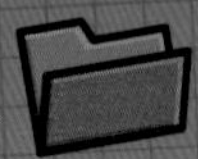

오늘 정말 좋은 시간 보냈습니다.
I had a good time today.

아이 해드 어 굿 타임 투데이.

좋은 시간을 보냈다고 말할 때 쓸 수 있는 표현으로 가고 싶은 곳에 대해 이야기하는 상황입니다.

대화문 1

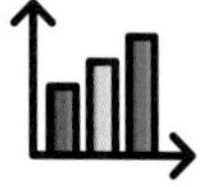

A I had a good time today.
오늘 정말 좋은 시간 보냈습니다.

B If there is other place you want to go, let's go tomorrow.
또 가고 싶은 곳이 있으면 우리 내일 가요.

A I want to go to the Empire State Building.
저는 엠파이어 스테이트 빌딩에 가고 싶습니다.

B Okay. I will buy two tickets on the Internet.
알겠습니다. 제가 인터넷에서 표를 두 개 사겠습니다.

단어
Empire State Building 엠파이어 스테이트 빌딩
Internet 인터넷

대화문 2

A I had a good time today.
오늘 정말 좋은 시간 보냈습니다.

B It's your first time to Korea, isn't it?
이번에 처음으로 한국에 오신 거죠?

A No. I've been here once before, but I had no time for sightseeing then.
아니에요. 예전에 한 번 온 적이 있지만 그때는 관광할 시간이 없었어요.

B Then, enjoy this trip to the fullest.
그러면 이번 여행에서 최대한 즐거운 시간 보내세요.

단어
sightseeing 관광 to the fullest 최대한

다양한 표현

I had a great time today.
오늘 즐겁게 보냈습니다.

Time goes by so fast.
시간 정말 빠르네요.

I had a lot of fun today.
오늘 정말 즐겁게 놀았네요.

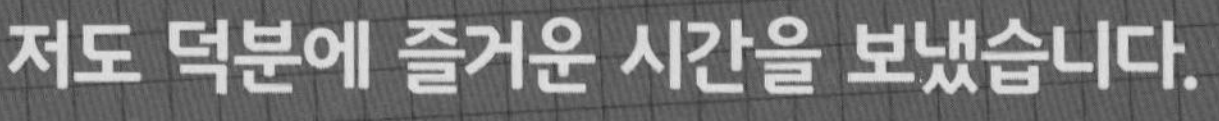

저도 덕분에 즐거운 시간을 보냈습니다.

I also had a great time thanks to you.

아이 올쏘 해드 어 그뤠잇 타임 땡스 투 유.

좋은 시간을 보냈다고 말할 때 쓸 수 있는 표현으로 그에 대해 감사 표시를 하고 다음을 기약하는 상황입니다.

대화문 1

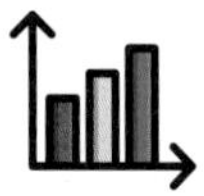

A I also had a great time thanks to you.
저도 덕분에 즐거운 시간을 보냈습니다.

B I think it's thanks to your guide that we had a great time.
당신의 가이드 덕분에 이렇게 즐거운 시간을 보낸 것 같아요.

A Next time I go to the US, please be my tour guide.
다음에 제가 미국에 가면 여행 가이드 해주세요.

B No problem. If you come, please let me know in advance.
문제없습니다. 만약에 오시면 꼭 저에게 미리 말씀해주세요.

단어
tour guide 여행 가이드　in advance 미리

A **I also had a great time thanks to you.**
저도 덕분에 즐거운 시간을 보냈습니다.

B **Yeah, we had delicious food and went to many tourist attractions. Thank you.**
네, 맛있는 것 먹고 관광명소도 많이 갔네요. 고마워요.

A **Without you, I wouldn't even have had a chance to go there.**
만약에 당신이 아니었으면 저는 그곳에 갈 기회도 없었을 것 같아요.

B **If we have time tomorrow, let's go to Namsan together.**
내일 시간이 되면, 우리 같이 남산에 가요.

단어

tourist attraction 관광명소

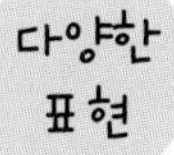

Everything went well thanks to you.
당신 덕분에 모든 일이 순조로웠습니다.

I am enjoying my stay here thanks to you.
당신 덕분에 이곳에서 지내는 것이 좋습니다.

It's all thanks to you.
이것이 모두 여러분 덕분입니다.

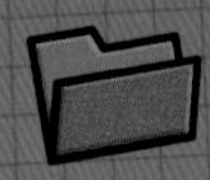

오늘은 제가 한턱 내겠습니다.
I will treat you today.

아이 윌 츄릿 유 투데이.

식사 대접을 한다고 할 때 쓸 수 있는 표현으로 그와 관련된 이야기를 하는 상황입니다.

대화문 1

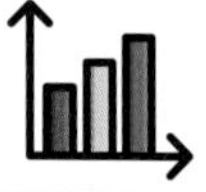

A I will treat you today.
오늘은 제가 한턱 내겠습니다.

B No, I will get it. You helped me a lot.
아니에요. 제가 낼게요. 저를 많이 도와주셨잖아요.

A You are here in Korea, so you are my guest. Let me treat you this time.
한국에 계시니 제 손님이잖아요. 제가 사게 해 주세요.

B Okay. Next time you come to the US, I will take you to a nice restaurant.
알겠어요. 다음에 미국에 오시면 제가 좋은 레스토랑에 데려가 드릴게요.

단어
treat 대접하다　guest 손님

대화문 2

A **I will treat you today. Is there anything you want to eat?**
오늘은 제가 한턱 내겠습니다. 드시고 싶은 것이 있나요?

B **I can eat anything. Take your pick.**
저는 뭐든 먹을 수 있어요. 골라보세요.

A **You are the guest. You choose.**
손님이시니까, 당신이 골라보세요.

B **Okay. Let's eat Bulgogi.**
알겠어요. 우리 불고기 먹어요.

단어
take a pick 고르다 choose 선택하다

다양한 표현

This is my treat.
이것은 제가 사는 거예요.

Let's go dutch.
우리 더치페이해요.

I think it's better to pay separately.
각자 내는 것이 좋을 것 같습니다.

Unit 100

이건 저희가 대접할게요.

It's on us.

이츠 온 어스.

식사 대접을 할 때 쓸 수 있는 표현으로 식사에 대해 감사를 표시하는 상황입니다.

대화문 1

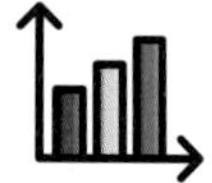

A It's on us.
이건 저희가 대접할게요.

B You came all the way here just to see us. Let us pay the bill.
저희를 보러 여기까지 오셨잖아요. 저희가 지불할게요.

A But, you've already paid too much money.
하지만 벌써 돈을 너무 많이 쓰셨잖아요.

B No worries. It's our pleasure to treat you.
걱정 마세요. 당신을 대접하는 것은 우리의 기쁨이에요.

단어
pay the bill 돈을 지불하다

대화문 2

A It's on us.
이건 저희가 대접할게요.

B You've done so much for us. Let us treat you.
저희에게 너무 많은 것을 해 주셨으니 저희가 살게요.

A You are going to help us a lot when we go to the US. Please let us pay the bill.
저희가 미국에 가면 많은 도움을 받을 텐데요. 저희가 돈을 지불하게 해 주세요.

B Okay. Thank you very much.
알겠습니다. 정말 감사합니다.

단어
on ~에게 달려 있다

다양한 표현

I will pick up the tab for all the food here.
여기 있는 모든 음식은 제가 쏘겠습니다.

It's a token of my gratitude.
저의 감사의 표시예요.

It's on the house. Help yourself.
이건 공짜예요. 마음껏 드세요.

복습하기

Unit 081 오늘 초대해주셔서 정말 감사합니다.
Thank you so much for having me today.
땡큐 쏘 머취 폴 해빙 미 투데이.

Unit 082 마음껏 드세요.
Please, help yourself.
플리즈 핼프 유얼쎌프.

Unit 083 무엇을 마시고 싶으세요?
What do you want to drink?
왓 두 유 원 투 쥬링크?

Unit 084 저는 라거를 좋아합니다.
I like Lager.
아이 라이크 라걸.

Unit 085 한국요리를 좋아한다고 들었습니다.
I heard you like Korean dishes.
아이 헐드 유 라이크 코뤼언 디쉬스.

Unit 086 제가 건배 제의를 하겠습니다.
I'd like to make a toast.
아이드 라이크 투 메이크 어 토스트.

Unit 087 마시기 전에 하실 말씀 있으신가요?
Is there anything you want to say before we drink?
이즈 데얼 에니띵 유 원 투 쎄이 비폴 위 쥬링크?

Unit 088 제가 먹어본 것 중 가장 맛있습니다.
It is the most delicious food I've ever had.
잇 이즈 더 모스트 딜리셔스 풋 아이브 에벌 해드.

Unit 089 다음에 한국에 오시면 제가 식사 대접하겠습니다.
Next time you come to Korea, I will treat you to a meal.
넥스트 타임 유 컴 투 코뤼아, 아이 윌 츄릿 유 투 어 밀.

Unit 090 더 드세요.
Please have some more.
플리즈 해브 썸 모얼.

Unit 091 충분히 많이 먹었습니다.

I've had enough.

아이브 해드 이너프.

Unit 092 음식은 입에 맞으시나요?

Is it right for you?

이즈 잇 롸잇 폴 유?

Unit 093 환대해주셔서 정말 감사드립니다.

Thank you for welcoming me.

땡큐 폴 웰커밍 미.

Unit 094 제가 한 잔 드리겠습니다. 항상 돌봐주셔서 감사드립니다.

Let me pour you a drink. Thank you for your constant consideration.

렛 미 푸얼 유 어 쥬링크. 땡큐 폴 유얼 컨스턴트 컨씨더레이션.

Unit 095 언제든 한국에 오시면 알려주세요.

If you come to Korea, please let me know anytime.

이프 유 컴 투 코뤼아, 플리즈 렛 미 노우 에니타임.

Unit 096 한국에 오시면 제가 기꺼이 가이드 해드릴게요.

When you come to Korea, I will be happy to be a guide for you.

웬 유 컴 투 코뤼아, 아이 윌 비 해피 투 비 어 가이드 폴 유.

Unit 097 오늘 정말 좋은 시간 보냈습니다.

I had a good time today.

아이 해드 어 굿 타임 투데이.

Unit 098 저도 덕분에 즐거운 시간을 보냈습니다.

I also had a great time thanks to you.

아이 올쏘 해드 어 그뤠잇 타임 땡스 투 유.

Unit 099 오늘은 제가 한턱 내겠습니다.

I will treat you today.

아이 윌 츄릿 유 투데이.

Unit 100 이건 저희가 대접할게요

It's on us.

이츠 온 어스.

영어권의 건배 문화

우리나라에서도 건배를 하기 전에 기원, 축하 등의 말을 할 때가 있습니다. 영어권에서도 우리처럼 건배를 하는데 특별한 날이나 행사에서는 긴 건배 인사를 합니다. 이 건배 인사를 toast라고 부릅니다. 주로 결혼식이나 졸업식 등의 행사에서 toast를 많이 말합니다. 우리나라에는 없는 문화이지요. 이 긴 건배 인사는 평소에 하는 건배와 다르게 정식적이고 예의를 갖추어야 합니다. 또 건배 인사를 하는 사람은 주로 무슨 말을 할지 미리 계획하고 합니다. 다음은 toast를 하는 순서와 그와 관련된 예절입니다.

*** 건배인사(toast) 하는 순서**

1. 무슨 말을 할지 결정한다.
2. 모든 사람의 잔이 차 있는지 확인한다.
3. 포크로 잔을 톡톡 쳐서 사람들의 주목을 끈다.
4. 건배 인사를 한다.
5. 잔을 어깨 높이까지 올리면서 Cheers를 외친다.
6. 다른 사람들과 잔을 부딪친다.
(다른 사람들이 너무 멀리 있을 경우 잔을 어깨 높이까지 조금 들어 올려준다.)
7. 잔에 있는 와인을 한 모금 마신다.

*** 건배인사 관련 예절**

1. 호스트보다 먼저 건배 인사를 하지 않는다.
2. 너무 길게는 하지 않는다.
3. 농담은 되도록 피한다.
4. 긍정적인 말을 한다.
5. Cheers를 할 때 사람들과 눈을 마주친다.

Toast를 하는 행사: 결혼, 졸업식, 저녁파티, 휴일 모임 (크리스마스 등), 퇴임식 등

건배인사 예시

This special and memorable night is a celebration of a perfect pair of people who are so truly and madly in love with one another. From now on, you will never be alone. Whatever happens in your life, you have someone to be with. Let's take a moment to raise our glasses to Jake and Sandy. Cheers!

해석:

이 특별하고 잊지 못할 밤은 진정으로 그리고 미치도록 서로를 사랑하는 한 완벽한 커플을 기념하는 날입니다. 지금부터 이 둘은 결코 혼자가 되지 않을 것입니다. 무슨 일이 있어도 곁에 함께 있어줄 사람이 있을 것입니다. 우리 제이크와 샌디를 위해 잔을 듭시다. 건배!

Omega 비즈니스 영어 이메일 완전정복

FL4U컨텐츠 저 | 148*210mm | 420쪽 | 15,000원

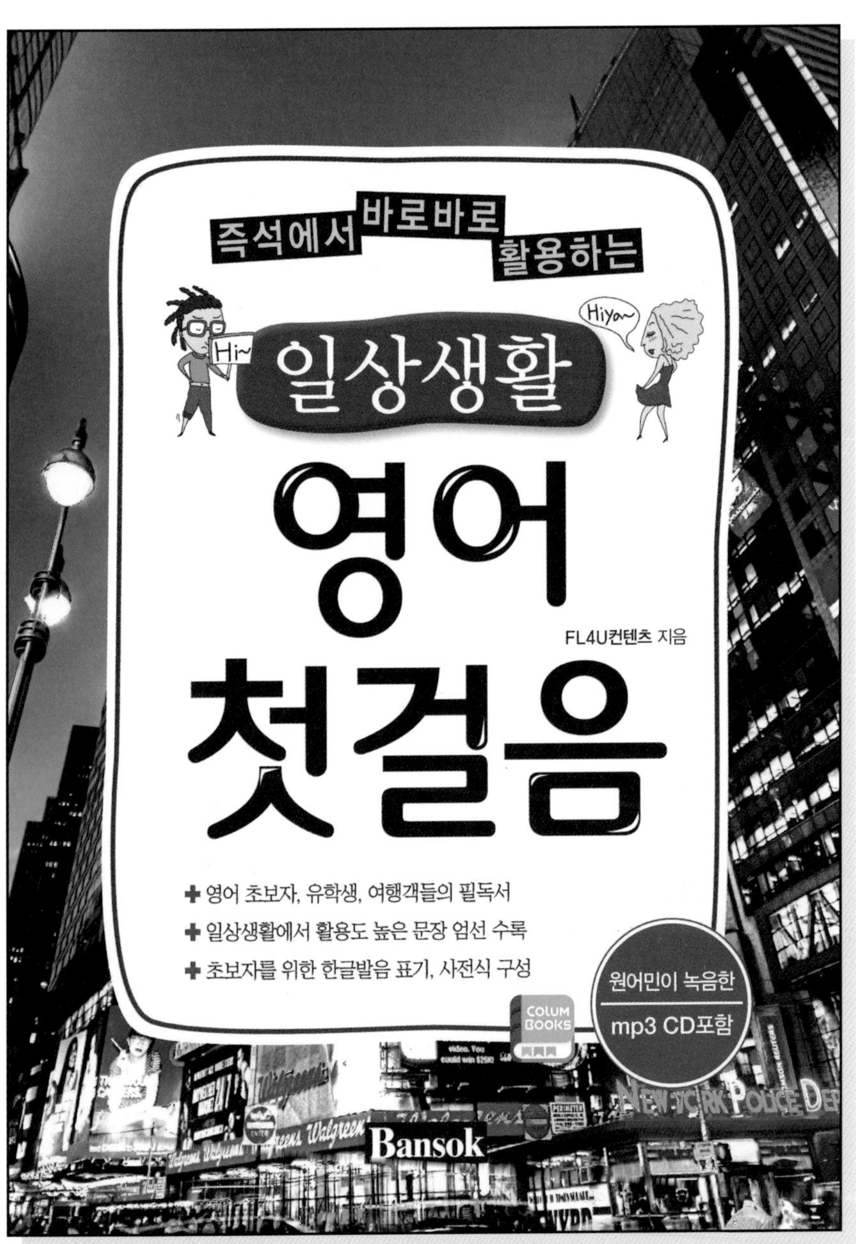

일상생활 영어 첫걸음

FL4U컨텐츠 저 | 170*233mm | 280쪽 | 14,000원(mp3 CD 포함)

탁상용 1일 5분 영어 완전정복

이원준 엮음 | 140*128mm | 368쪽 | 14,000원(mp3 파일 무료 제공)